AREA51

アメリカ政府の最高機密に迫る

ネバダ州米軍基地
「エリア51」の
遠隔透視

大川隆法
Ryuho Okawa

本書所収の遠隔透視は、2011年8月4日（写真上）、および2011年8月23日（写真下）に、幸福の科学総合本部にて公開収録された。

まえがき

古来、釈迦《しゃか》のように悟りを開いた人には、「六神通《ろくじんずう》」が備わっていると言われる。人知を超えた六種の自由自在な能力のことで、〈神足通《じんそくつう》〉〈天眼通《てんげんつう》〉〈天耳通《てんにつう》〉〈他心通《たしんつう》〉〈宿命通《しゅくみょうつう》〉〈漏尽通《ろじんつう》〉のことを言う。

このうち〈神足通〉は、飛行・変身の能力とも言われるが、実際は体外離脱《たいがいりだつ》（幽体離脱《ゆうたいりだつ》）して、地上のあらゆる場所や、能力によっては、宇宙の星々をも視《み》てくる能力である。

また、〈天眼通〉は、衆生《しゅじょう》の転生《てんしょう》の状態を知る能力、または、あらゆるものを見通す能力と言われているが、時空間をも超えた遠隔《えんかく》透視《とうし》能力と言ってもよいだろう。

本書に語られる「ネバダ州米軍基地『エリア51』の遠隔透視」は、私自身の霊体の一部を飛ばして、UFO目撃情報の多い「エリア51」の地下基地に潜入して視たものをレポートした内容で、〈神足通〉と〈天眼通〉をミックスして使ったものである。私がただの霊媒《れいばい》ではなく、日本の最高秘密兵器（?）でもある事実がわかるであろう。

二〇一二年　四月十七日

幸福《こうふく》の科学《かがく》グループ創始者兼総裁《そうししゃけんそうさい》　大川隆法《おおかわりゅうほう》

ネバダ州米軍基地「エリア51」の遠隔透視　目次

第1章　ネバダ州米軍基地「エリア51」の遠隔透視《えんかくとうし》に挑戦《ちょうせん》する

——果たして宇宙人は地球に実在するか——

二〇一一年八月四日　収録

第2章　ＵＦＯ墜落《ついらく》の真実

二〇一一年八月二十三日　収録

第1章

ネバダ州米軍基地「エリア51」の遠《えん》隔《かく》透《とう》視《し》に挑《ちょう》戦《せん》する

――果たして宇宙人は地球に実在するか――

二〇一一年八月四日　収録

ネバダ州米軍基地「エリア51」

アメリカ合衆国ネバダ州にある空軍基地（正式名称《めいしょう》は、グレーム・レイク空軍基地）。この基地には謎《なぞ》が多く、「内部にＵＦＯや宇宙人が存在し、秘密の共同研究が行われているのではないか」と言われている。

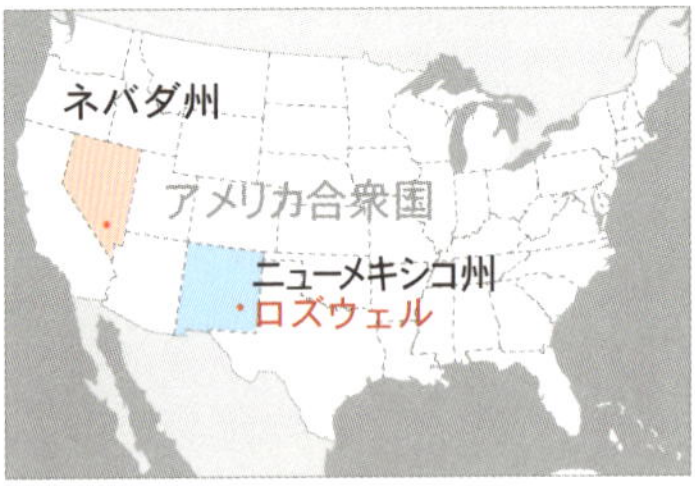

［質問者二名は、それぞれＡ・Ｂと表記］

1　霊体《れいたい》の一部を「エリア51」に潜入《せんにゅう》させてみる

大川隆法　一九四七年だったと思いますが、「アメリカのニューメキシコ州で円盤《えんばん》が墜落《ついらく》した」とされるロズウェル事件が起きました。その後、アメリカ政府のほうは事件を隠蔽《いんぺい》したのですが、「宇宙人の死骸《しがい》や、一部の生きている宇宙人、円盤の残骸などを、全部、ネバダ州の『エリア51』に移動させた」という説が有力です。

地元の新聞にも、最初は、「円盤が墜落した」という記事が載《の》っていたのですが、その後、「観測用の気球が落ちた」というように情報を入れ替《か》え始めて、真相が分からなくなっていきました。

一部の研究者によれば、「この基地のなかには、今でも宇宙人がかくまわれて住んでいる」という説もありますし、「実は、宇宙人との共同開発で、アメリカ軍がＵＦＯをつくっている」という説もあります。また、「このあたりを観察していると、実際に、ＵＦＯのようなものが飛び立ったり、基地のなかに入ったりしている姿が見える」という説もあります。

いずれにしても、これは、秘密中の秘密ではないかと思われるので、この世的な方法での取材は不能でしょう。

米ソ冷戦時代には、双方《そうほう》とも、「超能力者《ちょうのうりょく》を使って相手の軍事基地等を透視《とうし》する」ということをかなり行っていたはずなので、もしかすると、この基地には、超能力者対策まで施《ほどこ》している可能性もないわけではありません。

例えば、外から見えないように、外面とそのなかの部分とを分けてつくってあるかもしれませんし、あるいは、私はまだ経験がないので分からないのですが、「鉛《なまり》の箱のような部屋をつくると、その内部を透視できない」という説もあります。本当か嘘《うそ》かは分かりませんが、そういうこともあるかもしれません。あるいは、霊体《れいたい》で入れば、なかにいる兵士などが機関銃《じゅう》を持って立っていても感知できないと思いますが、宇宙人が存在する場合には、その宇宙人に感知されてしまう可能性があるかもしれないのです。

まあ、どのようになるかは分かりません。まだやったことがないので、できるかどうか、ちょっと分からないのですが、一回ぐらいトライしてみようと思います。

いわば、潜入《せんにゅう》取材ですね。どこまで入れるかは分かりませんが、私の霊体の一部を「エリア51」のなかに潜入させてみます。入ってみて何が視《み》えるでしょうか。ただ、「何も視えずに終わり」かもしれないので、申し訳ないのですが、結果については保証できません。

遠隔《えんかく》透視をしながら、霊体の一部を、できるだけ基地のなかに潜入させていき、視えるものについて実況中継《じっきょうちゅうけい》しますので、適当なところで質問してくだされば、おそらく答えることができると思います。私は、霊体を分割《ぶんかつ》できるため、向こうを視ながら、こちらでも受け答えができるのです。

まあ、やってみますが、何が視えるでしょうか。あるいは、何も秘密がないのでしょうか。

ただ、最近のアメリカの宇宙人映画の数の多さを考えると、どう見ても、情報が何か出ているとしか思えません。そうとう確度の高い情報が出ていると思われるので、その情報源としてありうるのは、本当に生きている宇宙人とコンタクトしている人がいるか、私のように宇宙人リーディング風のことをできる人がいるか、あるいは、アメリカ政府が裏で宇宙人と密約を結び、こういう「エリア51」のような所で何かを行っていて、その情報をときどきエンターテインメント風に流し、国民に万一《まんいつ》のときの心の準備をさせようとしているか、まあ、そのあたりだろうと推定されますね。

2 「エリア51」への侵入《しんにゅう》開始

地下千五百メートルまで続くエレベーター

大川隆法　それでは、ちょっと行ってきますか。

A――　ありがとうございます。よろしくお願いいたします。

大川隆法　まあ、どうなるか、分からないですけれどもね。行けるかな？　どうかな？

（深呼吸をし、顔の前で合掌《がっしょう》する）

フォーカス・オン、「エリア51《フィフティワン》」。

（合掌のまま、約三十秒間の沈黙《ちんもく》）

うーん……。上空からは……、普通《ふつう》の飛行場のように視えますね。

飛行場のように視える。

しかし、うーん……、この飛行場が変わっているのは、周りから見えないようにつくられているところです。また、普通は昼間に離《り》着陸《ちゃくりく》が多いはずなのに、夜間、すなわち夜中から明け方ぐらいに多く離着陸することを想定してつくられているように視えます。

では、侵入《しんにゅう》を開始します。（約十五秒間の沈黙）

うーん、深いなあ。深い、深い、深い、深い。すごく深いエレベーターがありますねえ。どこまで続くんだろう。深ーい井戸《いど》に落ちていくような長さに感じます。どのくらいある？　地下千五百メートルぐらいまで掘《ほ》っているのではないでしょうか。感触《かんしょく》としては、地下千五百メートルぐらいの深さまであるように視えますねえ。

上のほうには、普通の基地のような機能も、ひととおり揃《そろ》っているんですけれどもね。地上の飛行場から地下五階ぐらいまでは、普通の基地の機能に近いものがだいたい揃っているように視えます。そのなかには、格納庫とか、いろいろなものもあります。

今、私が視ているところは、ちょっと、エレベーターのほうについて行っているのですが、かなり深いですねえ。千五百メートルぐらいあるように視えるので、ここは、「エリア51」のなかでも、立ち入れる人は少ないでしょう。完全に、限られた人しか入れないようになっていると思われます。

侵入者《しんにゅうしゃ》をチェックしている身長三十センチのサイボーグ

大川隆法　さらに視てみます。

うーん……。ああ、視えてきました。ゲゲゲの鬼太郎《きたろう》の「目玉おやじ」のようなものがいっぱい（笑）いますが、うーん？　これは何なのだろう。なぜそう視える？

A――監視《かんし》カメラですか。

大川隆法　いやあ、そうではありませんねえ。これは、あなたがたが知っているグレイ（アーモンド型の目をした、身長百二十センチ程度のサイボーグ型宇宙人）とは違《ちが》うものだと思いますが、小さいけれども、宇宙服に似たものを着ています。〝一つ目〟に視えているのは、宇宙服の顔の部分に半球形のガラスのようなものを被《かぶ》っているからではないかと思うんですね。それが、まず視えてきました。今、階段を降りてきたところなのですが、一、二、三、四、五、六、七……、七人いますね。身長は、普通のグレイといわれるものよりも、はるかに小さいです。そういうものがまず出てきました。

もしかしたら、これは、本当に、今、あなたが言ったように、警備用の〝何か〟なのかもしれませんが、外見《がいけん》からは、ロボットやサイボーグとあまり区別がつきません。宇宙服の「面」のようなものを着けているために、〝一つ目〟のような感じに視えます。

大きさは、どのくらいあるのだろう。三十センチぐらいしかないように視えますねえ。これが、七匹《ひき》というか、七人というか、七台というか、分からないのですが、七台ぐらい動き回っているところに、今、降りてきました。

たぶん、エレベーターが着いたところに階段があって、エレベーターが開《あ》いたところから、一段、二段、三段、四段、五段、六段、七段……、七段まっすぐ降りて、それから左四十五度の角度で、また、一段、二段、三段、四段、五段降ります。

エレベーターの周りには、手すりが付いています。手すりは、比《ひ》較《かく》的低いところに付いているので、この小さなものたちもエレベーターを使えることを意味していると思われます。

この小さい生き物は……、生き物なのかなあ、何だろう？ 動いているけれども、これは何なのだろう？ これは、いったい何なんだ？ 全体は白色で、顔に当たる部分だけが飛び出していて、半球形のサングラス風の色をしたものが付いていて、あとは、ちっちゃな宇宙服を着たような感じの白い姿です。

頭は丸くずんぐりしていて、胴体《どうたい》らしきものはほんの少ししかなく、脚《あし》らしきものは二つあります。脚は、しわが寄っているような感じのものが、何重かに……、一、二、三、四、五、五重ぐらい、リングというか、しわみたいなものがあって、その下に、足はちゃんと出ていますねえ。

でも、大きさは、どう見ても、五十センチもなく、三、四十センチのように視えるので、これは警備用なのか。これに生命反応があるかどうか。動き回ってはいるんですけれども、うーん……、サイボーグかなあ。これは、つくられたもののように視えますね。

まずは、侵入者《しんにゅうしゃ》チェック用に、七人いるんですね。たぶん、そうだと思います。チェック用ですね。まだ私の姿は見えていないというか、感知していないようです。

3　ウォーク・イン技術による情報収集の実態

半球形のドームのなかで寝《ね》ている五人の「E．T．型宇宙人」

大川隆法　それでは、もう少し進みます。

今度は、ある程度の透明《とうめい》度があるドームのようなものが視えてきました。

クラゲの頭のような感じの半球形のドームがあって、その周りから、オーラのような光が何十センチか出ていますね。

光は出ているけれども、半透明で、なかは透《す》けて視えています。直径は……、うーん、どのくらいあるかな？　直径は、うーん……、十五メートルぐらいかなあ。十五メートルぐらいの半球形ですねえ。

そういう半球のようなものがあって、そのなかで、何かが寝《ね》ています。これは、仮眠《かみん》をとっているのか、仮死状態になっているのか、ちょっと分からないのですが、寝ている者がいますね。一列に並べられています。

一人、二人、三人、四人、五人。その十五メートルぐらいの半球ドームのなかに、五人、ベッドではなく、ベッドより少し低いものなんですが、その上に寝かされています。

その顔は……、いわゆる映画の「E.T.」に出てきた宇宙人によく似ている感じがします。頭はややハート型のような形で、目が大きいようですが、今、眠《ねむ》っているので、目は閉じています。顔は大きいけれども、首は細く、手足は細長いです。

今、何をしているところなんだろう。なぜ寝ているのかな？　ときどき光るものが視えるので、電気か、磁気か、何かが動いていると思われるのですが……。

ああ、彼らは、今、寝た状態で、どこかと交信しているのではないかと思われますねえ。交信している状態ですね。うーん……、ああ、これは、ウォーク・インをやっているんです。

眠った状態になっているけれども、これは、ウォーク・インをしているんですね。ここから、宇宙人の魂《たましい》が、地球人の体に入って経験を積んでいます。

大きな半球ドームのなかに小さなカプセルがあって、五人ほどが、そのなかで眠っているように視えますが、これは、ウォーク・インをしていると思われますね。

そして、おそらく、アメリカ国内だろうと思われますが、「ターゲット」と呼んでいる人がいるようです。特徴《とくちょう》のある何人かをターゲットとして選んでウォーク・インをし、その人の体のなかに入り込《こ》んで、地球人としての経験を追体験していますね。これは、地球人が体験する感覚そのものを、3D《スリーディー》メガネで見るような感じで立体的に体験しているように思われます。

これが、最初に視えてきたものです。何か質問はありますか。

「眠った状態で地球人にウォーク・インしている５人の宇宙人」想像図

ウォーク・インにより要人を秘密裡《ひみつり》にモニタリング

A――　以前、あるアメリカ人から訊《き》かれたことなのですが、ウォーク・インをしているときに、入られている人の自我というのは、どのようになっているのでしょうか。

大川隆法　ちょっと、このなかの一体にフォーカスしてみましょうか。

A――　ありがとうございます。

大川隆法　一体にフォーカスしてみると……、これは、どこに入っている？　この人は、どこに入っていますか。（約五秒間の沈黙《ちんもく》）

うーん、私が最初に見つけたこの人は、ワシントンのCIA系の人にウォーク・インしています。何か情報を取っている感じですね。

これがウォーク・インしている人は……、うーん……、ああ、これは、民主党の不祥事《ふしょうじ》を探していますねえ。民主党の不祥事を探している人のところに入っています。たぶん、次の大統領選と関係があるのかもしれませんね。

それで、入られている人自身はどういう感じかということですが、本人は自分の意識で行動しているつもりでいます。けれども、本人が見たこと、感じたこと、思ったこと等は、全部、こちらのE.T.型宇宙人のほうに入ってきていて、それが情報として記録されていると思われます。

その記録の仕方なのですが、頭の部分に、電極のようなものが、何個か付いています。一個、二個、三個……、前に二つ、後ろに一つ、合計三個の電極が付いていて、そこからつながっているものに……、ちょっと私には分からないのですが、独特のグラフ用紙のようなものに特殊《とくしゅ》な波形を記録しています。その波形を読み解けば、三次元的に翻訳《ほんやく》できるようになっているようです。

ウォーク・インされている人は、それが分からないので、これは、霊《れい》に取り憑《つ》かれているのと、ほとんど変わらない状況《じょうきょう》だと思います。

本人の意識そのものがないわけではないと思いますね。

ほかの人を、もう一体ぐらい視てみましょうか。ああ、女性らしきE．T．もいますね。

A――　女性ですか。

大川隆法　こちらはどうでしょうか。どこに入って、何を見ていますか。

ああ、こちらは民主党の逆ですね。これは、サラ・ペイリンを見ているんです。サラ・ペイリンの動向を見ていますね。うーん、こちらにも入っているのですか。サラ・ペイリンですね。ええ。

A――　サラ・ペイリンに入っているのですか。

大川隆法　サラ・ペイリンに、意識として侵入《しんにゅう》していると思われます。

A――　本人にですか。

大川隆法　ええ。本人ですね。

A――　おお！

大川隆法　本人に入っています。有力者ですからね。この人は共和党でしたね。

Ａ――　はい、共和党です。

大川隆法　有力候補ですので、この人の動向を調べています。つまり、民主党も共和党も、両方、見ているわけですね。二十四時間体制で、全部、見られています。

Ｂ――　これは、モニターされているだけなのでしょうか。それとも、E.T.側から、本人に対してインスピレーションのようなものを与《あた》えたりすることもあるのでしょうか。

大川隆法 うーん、E.T.のほうと、何か契約《けいやく》はあるようです。もちろん、地球外に情報を送っているのは間違《まちが》いないと思われるのですが、モニターしたものの一部は、やはり、「エリア51」内の情報部のほうに流していますね。

けれども、全部とは限らないようです。たぶん五十パーセントぐらいかな。五十パーセントぐらいは流しているように思われますね。

これは、おそらく、ある程度の要人のところに入って見ているものと思われます。E.T.のウォーク・イン技術を使って、明らかにスパイしていますね。

これの根っこは……、どこが仕掛《しか》けているのかは、ちょっと分かりません。

ただ、アメリカは、政治家が軍人を使う仕組みになっているわけですが、軍人は軍人で、何党の政権になろうとも、政治がどのように変動しようとも、自分たちの世界戦略や国防戦略に影響《えいきょう》があってはならないので、重要人物のところから情報を取って、シミュレーションをかけているのだろうと推定されます。

行政のほうは政治家の下にいることになっているものの、逆に、こちらのほうから、政治家や、おそらく政治家ではない者にも入っているとと思われますが、有力な人のところに入って、秘密裡《ひみつり》にモニタリングしていると思われます。

それで、ときどき、「ある人を追い落としたい」などというときには、その人に不利な情報を、別のルートから流すのではないかと推定されますね。

本人のなかに入り込んだほうが、情報としては確度が高く、本人に監視《かんし》カメラを付けているのと同じになりますので、これをやっているのが視えます。

A―― ありがとうございます。

4　身柄《みがら》を拘束《こうそく》されている宇宙人司令官

薬物を投与《とうよ》して、アメリカの味方をさせている

大川隆法　それでは、もう少し視てみましょうか。こんなもので終わりであるはずはないので、もっと先に進んでみます。

もう少し進んでいくと、やや大きな部屋になってきました。何か、部屋の中央に、木の根っこが絡《から》みついているような感じのものが視えてきます。うーん、これは何なのかなあ。まるで、火星人のタコ

の腕が絡みついているような感じに視えます。

その周りには、白衣を着た科学者と思われる人が、七、八名ぐらいいますが、この真ん中にあるものは何なのだろう。うーん、これは何なのでしょうか。

でも、頭のほうは……、ああ、頭はいちおうあるので、これは、H・G・ウェルズ型の長い脚の宇宙人かな？　生きているのか、死んでいるのか。うーん……、標本のようにも視えますが、いやあ、そんなことはないかもしれないなあ。

これは、宇宙から来た司令官の一人を捕獲《ほかく》したんですね。

A――　司令官ですか。

大川隆法　司令官の一人を捕獲していると思われます。これは、死んでいないのではないでしょうか。死んではいないけれども、暴《あば》れないように、薬物を投与《とうよ》されて動作が緩慢《かんまん》になっているように感じますね。

うーん……、この人が、ここで身柄《みがら》を拘束《こうそく》されているということが、何かの抑止力《よくしりょく》になっているらしい。何の抑止力になっているのだろう？

やはり、アメリカの敵国に協力させないために身柄を拘束しているように思われます。

A――　人質《ひとじち》のようなものでしょうか。

大川隆法　そうだと思いますね。生きてはいるけれども、身柄を確保されています。

たぶん、仲間はいるのだろうと思いますが、救出できずにいるようですね。あるいは、うーん……、いやあ、難しい世界だなあ。

おそらく、この者の仲間が、地球における軸足《じくあし》を、かつてのソ連から、今、中国に移しているのではないかと思われます。そのため、中国のほうに宇宙の技術を下ろされることを警戒《けいかい》して、地球の科学者たちが、薬物の投与などをしながら、この司令官の考え方を自分たちの味方をする方向に持っていこうとしているようです。

「身柄を拘束されている全長５メートルの宇宙人司令官」想像図

それで、一日のうちの一定の時間だけ、この司令官から一種の信号のようなものが宇宙空間に向けて発信され、大気圏内《たいきけん》にいる仲間たちに情報が少しだけ届くのですが、その情報をかすかにコントロールして、アメリカ寄りに動かそうとしているように感じられますねえ。

これは、ある意味での宇宙戦争というか、地球での戦争に先立って、敵に高度な技術を与《あた》えないようにしようとしているように思われます。

この司令官らしき人は、いつ捕《つか》まったんだろう？　うーん、でも、これはけっこう大きいですよ。全長五メートルぐらいあるかもしれません。

A――　そうですか。

大川隆法　かなり大きい人ですね。どこで捕まったんですか。

うーん？　ああ、ちょっと、他の宇宙人の協力で捕まったらしいですね。どうも、そのようですねえ。

どこから来たものですか。どこから来た？　これまでの宇宙人リーディングで、このタイプはまだ出ていないような気がします。どこから来ているのですか。この人は、どこから来たものなのかな？

うーん……、太陽系のなかの前線基地から来ているらしいですね。

やはり、宇宙人の前線基地があるらしく、そこから来た人ではあるようですけれども、われわれが、今はまだ認識していないもののように感じられますね。

これは、一体だけですが、捕獲されていると思われます。

コミュニケーション方法は、五つの音の組み合わせ

B――　地球の科学者と、その捕まっている宇宙人とのコミュニケーションは、どのような方法で行われるのでしょうか。

大川隆法　コミュニケーション方法は、主として、音ですね。音を

使っているようです。音なのだけれども、うーん……。コンピューターは二進法でできていますが、彼らのほうは五進法を使っているので、例えば、ある種の音を、０、１、２、３、４の五つの数字に引き当て、この組み合わせで共通の言語のようなものをつくり出して、会話をしているように感じられます。

Ａ――　映画「未知との遭遇《そうぐう》」でも、宇宙人との最初のコミュニケーションは、ちょうど五つの音階を使ったものでした。

大川隆法　ああ、そうですか。

A――　映画では、その五つの音を、幾《いく》つか重ねて和音をたくさんつくり、それでコミュニケーションをとっていました。

大川隆法　これも同じで、五つです。五進法だと思われます。コンピュータの二進法ではないようです。五進法を使って会話をしているように思われます。音を使っていますね。

A――　なるほど。

大川隆法　振動音《しんどうおん》で会話していると思われます。
何か深い事情があるのかもしれませんが、たぶん、まだほかに協力している宇宙人がいるはずだと思われます。

Ａ――　すみません。ほかの宇宙人の協力についての話に行く前に、お伺《うかが》いしたいことがあります。先ほど、「司令官が大気圏内にいる仲間たちに情報を送っている」とのことでしたが、それはテレパシー的なものなのでしょうか。

大川隆法　うーん、そうですねえ。でも、基地のなかにパラボラアンテナのようなものがあっても、別に不思議ではないでしょうから、何かそういうものを経由して、五進法型の何かを送っているように視えますね。

A――　分かりました。そうすると、情報を少し操作してアレンジしたものを、わざと発信させて……。

大川隆法　そうです。中国のほうに、あまり肩入《かたい》れしないように、アメリカ寄りに持ってこさせようとしているわけですね。だから、本当は、捕獲されているんだけれども、非常に歓待《かんたい》を受けている感じに見せていると思われます。

そして、「米軍と非常に良好な関係を結んで、友好的にいろいろな話し合いをしながら計画を練《ね》るために、今、基地に滞在《たいざい》している」という感じに見せているようですね。

A――なるほど。アメリカは、そこまでしているわけですね。

5　宇宙の水棲《すいせい》生物の養殖《ようしょく》プラント

大川隆法　それでは、もう少し入っていきます。

次はシャトルが出てきました。シャトルが基地のなかを走っていて、それが、一、二、三両ぐらいあるでしょうか。

シャトルのようなものの発進場所があり、それに乗って、なかを移動できるんですね。ちょっと左回りになっているように視えます。左のほうに向かってシャトルが回って進んでいっています。もしかすると宇宙人ごとに分けているのかな？

シャトルが、どのくらい走るのか。うーん、五百メートルぐらい走ったかなあ。五百メートルぐらい走ったところで停まって、そこから出ると、半透明《はんとうめい》のドーム型の通路を上がっていきます。ここには、エスカレーターのようなものがついているので、歩かなくても上がっていけます。

上がっていって、エスカレーターを降りると、ドアがあります。そこでは、瞳《ひとみ》の形が登録されているらしく、目をカメラに向けて照合し、本人確認ができなければドアが開《ひら》かないようになっていますね。

本人確認ができたら、ドアが横に開いて、なかに入れます。

A――虹彩認識《こうさい》ですね。

大川隆法　そうです。

それで、なかに入ると、病院の廊下《ろうか》を歩いている感じに視えます。さらに歩いていくと、うーん……。ああ、ちょっと水族館に似ているのですが、水のなかで生きられる生き物が、だいぶ飼われています。

でも、これは、地球上の生き物ではないように思われますね。宇宙の生き物だと思われます。他の星から来た生き物で、水のなかに棲《す》む水棲《すいせい》生物が飼われている大きなプラントですね。養殖《ようしょく》のプラントのようなものが出てきました。

これは、もしかすると、宇宙人の食料なのかもしれません。ただ、形は、ちょっと見たことのないものが多いようにも視えますが、地球の海や川の生き物に少し似ている感じもします。

Ｂ――　古代魚のような感じでしょうか。

大川隆法　うーん……、まあ、確かに古代魚に似たものもいます。でも、魚とは限りません。魚ではないものもいます。

魚のうち、大きいものは三メートルぐらいあると思われますが、魚ではないものもいるようで、手足らしきものが付いた、山椒魚《さんしょううお》の変化したような生き物もいます。

A――　まさか、イボガエルはいないですよね。（会場笑）（注。質問者Aは、以前の宇宙人リーディングにより、過去に金星のイボガエル型宇宙人であったことが判明している。『宇宙人リーディング』〔幸福の科学出版刊〕第1章参照。）

大川隆法　イボガエルは……、うーん、見つからないのですが、ただ、大きなイセエビのようなものは視えますね。かなり大きなエビ型生物はいます。

それから、やはり、ウミヘビに似たものもいることはいますし、そのほかに、見たことがないようなものとしては、うーん……、こ

「他の星の水棲生物を養殖する大きなプラント」想像図

れは何なのかなあ。地球上にこんなものはいないなあ。

上から視ると、魚のようにも思えるのですが、手足というべきか、そういうものが両側に十対《つい》ぐらい付いているものもいますねえ。

さらに、カメに似たものも視えてきました。カメに似ているけれども、カメとの違《ちが》いは、甲羅《こうら》があんなに硬《かた》くなく、もう少し弾力性《だんりょく》があることです。

これらは、いろいろな星から集めてきたものなのか、あるいは、特定の星の生き物なのかは分かりかねますが、とにかく、海洋性の生き物を飼っていると思われます。

A―― それらは、当然、アメリカ人が地球のどこかで捕《と》ってきたものではないわけですね。

大川隆法　地球のものとは違いますね。宇宙のものだと思います。宇宙人が、おそらく、自分たちの食料用か何かとして連れてきたものではないかと推定されます。つまり、生《い》け簀《す》のような感じで、生かしているのではないでしょうか。

それでは、ここは通り過ぎていきましょう。

6　地球の歴史の調整室

未来情報に基《もと》づいて人類の運命をコントロール

大川隆法　次は、長い長い……、これは何でしょうか。床《ゆか》が動いていきます。空港などにあるベルトコンベヤー型の「動く歩道」のようなものが続いていくのですが、その先にあるものは、うーん……、コンピュータルームによく似たものが視えてきます。コンピュータルームのように視えるけれども、これはコンピュータではないですね。

A——　ほう。

大川隆法　コンピュータではないものが入っています。うーん、これは何なのだろう？

彼らはですね、「彼ら」というのは、ここは人間と宇宙人とが一緒《いっしょ》に住み、一緒に仕事をしているところなんですが、何だか、「地球の歴史の調整室」というような意味のことが書いてあります。

B——　え？　地球の歴史ですか。

大川隆法　ええ。どうやら、地球の歴史を調整しているようですね。

宇宙人は、時空間を超《こ》えて移動できるので、地球の未来図を見て、「その未来を変えるには、こちらの方向に変動させたほうがよい」というような仕組みをつくろうとしています。ここは、それを計算しているところですね。

つまり、彼らは、地球の歴史の軌道《きどう》計算のようなことをしていて、「何年ごろに、こういう人を、ここに生まれさせて、こういう仕事をさせよう。別のところには、こういう人を下ろして、こういう仕事をさせよう」というように、地球の歴史をどうつくっていくかということを考えています。人類の運命を創造しているつもりですね。

だから、彼らも神のつもりなのかな？　人間と宇宙人が一緒になり、神になったつもりで、人類の運命をコントロールしている部屋がありますね。

B——　彼らは時間をコントロールすることができるのでしょうか。

大川隆法　時間はコントロールできないのですが、宇宙人が持っている未来情報に基《もと》づいて、「現在をこう変えたら、未来がこう変わる」ということを、いろいろとシミュレーションして、理想的な未来になるようにしています。まあ、「理想的」といっても、偏《かたよ》っていて、「アメリカにとって理想的な未来をつくるには、どうしたらよいか」ということが中心のように思われます。彼らは、「ここに、こういう人を生まれさせると、このようになる」というように、将《しょう》棋《ぎ》や碁《ご》で先を読むような計算をしています。

そして、その有力な人を生まれさせる計画のなかに、実は、一部、宇宙人との遺伝子交配をした人を入れようとしていますね。つまり、それは、全部が地球人ではない人間です。

B――　そうすると、今、すでに、遺伝子操作を受けたハイブリッド（異種交配）のような種の人間も生まれているわけですか。

大川隆法　たぶん、もう入っていますね。

ただ、アメリカには三億人以上の人口があって、人間一人の力がそれほど大きいわけではないので、少ししか国を動かすことができないし、ある程度の力を持つまでには何十年も時間がかかります。そのため、仲間を何人もつくっていかなくてはならないので、これは極秘《ごくひ》計画ですね。

そのように、未来情報に基づく運命改造計画のようなことをやっていますね。

Ａ――　地球人と宇宙人のハイブリッドタイプを生まれさせる計画は、まだ始まったばかりの段階なのでしょうか。

大川隆法　うーん、でも、もうすでにいるはずですね。「誰《だれ》がそのタイプの人か」というのは、そう簡単には分かりませんが、宇宙人的な遺伝子を持った地球人が、すでに存在しているはずです。

キューバ危機回避《かいひ》やソ連崩壊《ほうかい》の裏には、宇宙人の指導があった

A――　今、アメリカでは、一説によると、「二十八世紀ぐらいの未来から情報を持ってきて、歴史をコントロールしている」というようなことが言われております。ただ、その説では、「未来人が来ている」ということになっているのですが、やや、そういうかたちに近いのでしょうか。

大川隆法　だから、宇宙人の一部は、ある意味で未来人でもあるわけです。ワープ航法を使う以上、未来に移動することも可能なので、実際に未来を見てきた者は確かにいるだろうと思います。

Ａ――　なるほど。

大川隆法　これによって、危機を回避《かいひ》したものもあるのです。例えば、「キューバ危機」のときも機能はしたようですね。

このシステムは、そのあたりで最初にできたものだと思われます。つまり、「キューバに核《かく》ミサイル基地をつくっているソビエト連邦《れんぽう》に、アメリカがどう対応すべきか」ということを、国を挙げて考えていたときですね。

当時は、「ベスト・アンド・ブライテスト」と言われた若い政治家たちがアメリカを牛耳《ぎゅうじ》っていたときです。彼らは、「この問題を、どうするか。強気に出たら、戦争になるのか、それとも向こうが退却《たいきゃく》するのか」ということを、いろいろ考えていましたが、宇宙人のほうからも未来予知型の情報はもらっていて、「海上封鎖《ふうさ》して圧力を加えたほうが、未来的には基地を撤去《てっきょ》させることが可能だ」という判断がなされています。

キューバ危機のときには、こういう指導をしていますね。

A――　それで、若きケネディが、あの海上封鎖の判断をしたわけですね。

大川隆法　そうです。

B――　そうすると、アメリカの政治の奥《おく》には、宇宙人の指導があったということでしょうか。

大川隆法　そうですね。ただ、その指導が、どのようなかたちで届いているのか、例えば、「ＣＩＡ情報」というようなかたちで届いているのかは分かりません。

その情報の届き方は、いわゆるこの世的なルートを通って出ているかもしれませんが、政府の作戦参謀《さんぼう》の情報のなかには、こちらからのものも入っていることは間違《まちが》いないですね。

A――　なるほど。

大川隆法　キューバ危機のときだけでなく、東西ドイツのベルリンの壁崩壊《かべほうかい》からソ連邦崩壊のあたりについても、宇宙人が加わって指導しているようです。

A――　それは、共産主義国家崩壊に向けての指導ということでしょうか。

大川隆法　そうそう。そちらのほうに取り込《こ》んで、アメリカに有利な展開になるようにやったようですね。

A――　そのときは、ちょうど、アメリカのレーガン大統領が、「スターウォーズ計画」（SDI《エスディーアイ》〔戦略防衛構想〕）を出したころでした。

やはり、そのへんと関係があるのでしょうか。

大川隆法　そうですね。「これをやったら、未来はどうなるか」というシミュレーションができるわけですから、財政赤字で苦しんではいたものの、「いっぱいいっぱいまで財政赤字が膨《ふく》らんでも、このあたりでソ連が崩壊する」という予想は立っていたと思われます。それは、ソ連の内情を探《さぐ》れば分かることなので、CIA系統と、この宇宙人とは、深いところでつながっていると思われます。

A——　ははあ、なるほど。

秘密委員会「MJ《マジェスティック》-12《トウエルブ》」は実在する

A——　これは、大統領も関知していないプロジェクトなのでしょうか。

大川隆法　大統領が知っている部分も、一部はあると思います。

Ａ――「政府内にも、それを知っている人はいた」ということですね。

大川隆法　秘密委員会があったことは事実のようで、その秘密委員会が、いちおうシビリアン・コントロール（文民統制）的に、宇宙人の情報に対して承認を与《あた》える役をしていたようですね。

エムジェイ・トゥエルブ（ＭＪ―12）だったかな？　何か、そういうものが……。

A――　はい。マジェスティック・トゥエルブ（MJ―12）ですね。

大川隆法　マジェスティック・トゥエルブですか。それは存在したようですね。

A――　「エリア51」の内部の話とは少しずれるのですが、「未来情報に基づいて世界をコントロールする」ということの見返りとして、アメリカ政府が、例えば、「アメリカ人をアブダクション（誘拐《ゆうかい》）する許可を出した」とか、「アメリカ人女性と宇宙人とのハーフを産ませることに許可を出した」とか、そういうことが言われています。

そのような交渉《こうしょう》内容が記《しる》された「リア文書」というものが出回ったりしているのですが、そういうことは、やはり、実際にあったのでしょうか。

大川隆法　確かに、これは交換《こうかん》条件付きのようです。「一定の範囲《はんい》内で宇宙人が地球に住めるようにする」という条件と、逆に、「アブダクションした地球人と宇宙人とを交配してできた子孫《しそん》が、向こうの星で住むこともできる」という交換条件があるようです。

Ａ――　はあ、そうなんですか。

大川隆法　だから、あちらの星へ行って〝宇宙人〟になった地球人もいるようです。彼らは、みな行方《ゆくえ》不明者として処理されているので、分からないだろうと思われますけれどもね。

7　UFOをつくる兵器工場

UFOの試作品を飛ばす実験を行っている

A――　それでは、「エリア51」のもう少し先のほうをお願いします。

大川隆法　では、もう少し先を視てみますね。

次に視えてくるのは、兵器工場です。本当は、いちばんの狙《ねら》いはここではないかと思われます。

今、私の目に視えてくるものは……、うーん、これは一つだけではないと思うのですが、高さが五十メートルぐらいある部屋です。広さは、どのくらいあるでしょうか。東京ドームぐらいの広さはあるかなあ。五十メートルよりも高いかな？　高さはもう少しあって、百メートルぐらいあるかもしれません。

この東京ドームぐらいの広さがある兵器工場では、もちろん、さまざまな物もつくっていますが、ここで主として開発されているのは、やはり、反重力で空中に浮《う》かび上がる技術です。地球の重力に反発する力で空中に浮かび上がる技術と、もう一つは、円盤《えんばん》を回転させることによって出てくる人工重力および推進力についての研究がなされているように思われます。

この東京ドームぐらいの広さの空間のなかでは、そう大きなものではありませんが、直径十メートルから二十メートルぐらいの円盤の試作品が、いろいろと飛んでいますね。

これらは、宇宙人から情報を供与《きょうよ》されてつくっていると思われます。ここから先に続いている部屋がまだあると思うのですが、そちらから、夜間に飛行場のほうへ出ていけるルートがたぶんあるはずです。

それは、通常、基地のほかの人たちには、あまり知られないようになっていると思うのですが、私に視えるのは、エジプトのピラミッドのなかにある斜《なな》めの通路のようなものです。そして、兵器工場でつくられたＵＦＯのようなものが、その斜めの空洞《くうどう》を通って、上に上がっていき、滑走路《かっそうろ》の格納部分が開《あ》いて、そこから空に飛び上がれるような仕組みが、私には視えてきていますね。

こうしたことは、できるだけ人に見られないように、夜中から未明にかけて実験をしているように思われるのですが、人間がつくったＵＦＯを飛ばす実験をやっていますね。

Ｂ――　普通《ふつう》、ジェット機などで音速を超《こ》えると、衝撃波《しょうげきは》によって、ドーンという爆発音《ばくはつおん》のようなソニックブーム（sonic boom）が起きるのですが、それらのＵＦＯは静かな音で飛べるのでしょうか。

大川隆法　そうですね。

ステルス戦闘機《せんとうき》に似せた「デルタ型UFO」の数が多い

大川隆法　さらに、まだUFOのレベルまでいっていないものの、すでに実用化された技術としては、ステルス戦闘機《せんとうき》のステルス技術があります。

あの技術は宇宙人から来ていると言われていますけれども、あれが、実用化されたものの一つですね。地上のレーダーに映らず、敵に探知されない戦闘機には、その技術が入っております。

ここ「エリア51」でつくっているものには、ステルス戦闘機に見えるようにするためかもしれませんが、円盤とはいえない三角形に似たもののほうが、比較的《ひかく》、多いように視えます。

A――　よく目撃されているデルタ型UFOですね。

大川隆法　ええ。デルタ型が、わりに多くあります。これは、戦闘機に見せるための……。

A――　カムフラージュですね。

大川隆法　実はUFOの実験なのだけれども、もし発見されても、

「ＵＦＯの試作品がつくられている巨大な兵器工場」想像図

「戦闘機の秘密実験だ」と思われるように、デルタ型のもののほうが、わりに多くつくられています。

これは、本当は、ＵＦＯの外側にちょっと付け加えて、戦闘機のように見せているものですね。

Ａ――　はい。

大川隆法　ただ、天候によって、まず発見される可能性がない場合には、円盤型のＵＦＯも発進しているはずです。

Ｂ――　「二種類ある」ということですか。

大川隆法　そうですね。円盤型のものもありますが、地球の戦闘機に見えるようなものも、今、若干《じゃっかん》つくっているわけです。

地球の戦闘機型に見えるものの特徴《とくちょう》は……、要するに、彼らが目指しているのは、滑走路や空母の甲板《かんぱん》を使わず、ＵＦＯのように、垂直に急速上昇《じょうしょう》をし、その後、水平に加速できる技術です。これを手に入れることができれば、軍事的には極《きわ》めて有利になるので、「エリア51」では、この実験がかなり重ねられていると推定されます。

宇宙人からの攻撃《こうげき》に見せかけるＵＦＯの研究も

大川隆法　それと、もう一つ、別のものもあって、逆に、明らかにＵＦＯに見えるようにして敵国を攻撃《こうげき》するスタイルのものも研究されています。

Ａ――　ああ、なるほど。

大川隆法　明らかにＵＦＯのように見えれば、向こうは、「米軍が攻撃した」とは思わないので、「ＵＦＯの攻撃によって、やられた」

と思えるようなものもつくっています。これだったら、反撃ができないでしょう？

A――　そうですね。

大川隆法　「アメリカの爆撃機によって爆撃された」と思えば、向こうも、核《かく》ミサイル等を撃ち込《こ》んできますので、「宇宙人から攻撃された」と思わせるようなものもつくっていますね。

A――　はあ。

大川隆法　逆に、はっきりと、宇宙人らしく見えるものもつくっています。

B――　それは、もう量産体制が敷《し》かれているのでしょうか。それとも、まだ試作機の段階なのでしょうか。

大川隆法　うーん、量産とまではいっておらず、まだ実戦配備までいっていないことは事実ですけれども、格納庫のなかを視ると……、性能がどの程度までいっているかは、ちょっと分かりかねるのですが、すでに五十機ぐらいは持っていると思われますね。

Ａ――　そうですか。

大川隆法　出やすいのは、雨の日です。雷雲《らいうん》など、大きな黒雲《くろくも》が出ている雨の日であれば、見つかりにくいので、ＵＦＯ型のものも飛ばしやすいんですね。

Ａ――　先日、アリゾナ州のフェニックスで、砂嵐《すなあらし》のときにＵＦＯが現れ、その映像がＣＮＮで報道されました。

大川隆法　ああ、そうですか。
そういう見えにくいときには、ＵＦＯ型のものを飛ばしているようです。
基地の外には、ある程度の観察者がいて、望遠レンズで覗《のぞ》いているため、そういう人たちに対しては、軍事秘密のステルス機のさらに先を行くものをつくっているように見えるものを飛ばしたりしています。

A――　ははあ。

大川隆法　まあ、そちらも使えることは使えるんですけれども、ただ、ＵＦＯ型のものは、明らかに、ある意味での最終兵器ですね。
回転しながら飛んできて、攻撃されたら、みな、「宇宙人の来襲《らいしゅう》だ」と思いますからね。

A――　はい。

大川隆法　そのために、スピルバーグなどを使って、宇宙人から攻撃される映画を世界中にたくさん流しているわけですね。

A――　あれは、アメリカの軍事用につくっているのですか。

大川隆法　洗脳しているんです。「宇宙人からの攻撃があるかもしれない」というように、映画で世界中に洗脳をかけているわけです。

万一《まんいつ》のときには、ＵＦＯ型のものを、軍事行動として使おうとしていますね。

Ａ――　要するに、「刷り込み」を行っているわけですね。

大川隆法　そうなんです。みな、そういうシーンを何度も見たような感覚を持っていますから……。

Ａ――　実際に攻撃を受けたときに、「これは、まさに宇宙人からの攻撃だ」と思うわけですね。

大川隆法　宇宙人だと思ったら反撃できないでしょう？

Ａ――　はい。

極秘《ごくひ》の「対中国戦略」が進んでいる

大川隆法　だから、アメリカの対中国戦略は、基本的に、「アメリカがまったく無傷のままに、向こうの主力部隊を壊滅《かいめつ》させる」というものです。これが、いちおう主要戦略なんです。

その〝宇宙人作戦〟は、向こうにばれるまでは使えます。「宇宙人から攻撃された」というのであれば、しかたがありませんからね。

したがって、この宇宙技術を開発しているところは、極秘《ごくひ》も極秘で、外に漏《も》らした者は消されます。

A――　はあ、なるほど。

大川隆法　まさに、映画「メン・イン・ブラック」の世界で、記憶《きおく》を消されるか、本人自身が消されるか、どちらかになります。大川隆法も、今後、危険な領域に入るかもしれません。

アメリカが、今、シミュレーションをしているのは、「このUFO型のものを、いかにして、空母ないしは、それに準ずる輸送手段に、乗組員に分からないように載《の》せて中国の近くまで運び、ある日、

ＵＦＯが襲《おそ》ったようなかたちで攻撃するか」ということです。

中国は海南島《かいなんとう》に空母基地をつくろうとしているので、「二〇二〇年ぐらいまでの間に、『宇宙人の来襲』風に攻撃できるようなものをつくれないか」ということが、今、極秘で進んでいる計画なのです。これであれば、アメリカ軍は、相手にまったく知られることなく、敵の主力部隊を壊滅させることができるわけです。

8 「エリア51」にいる宇宙人の種類と数

技術を供与《きょうよ》しているのは、主に「カシオペア座の宇宙人」

B——　アメリカにそうしたテクノロジーを供与《きょうよ》している宇宙人のなかには、例えば、グレイなどの姿はまったく見えないのでしょうか。

大川隆法　うーん、最初は、グレイもいたようですが、今、アメリ力が付き合っているのは、ちょっと違《ちが》うようです。

Ａ――　先ほどから、遠隔透視《えんかくとうし》のなかでいろいろと出てきた、水槽《すいそう》とか、ＵＦＯ技術とかは、どの宇宙人がメインになっているのでしょうか。

大川隆法　うーん……、これはですねえ、カシオペア座と関係があるのではないかと思われます。

Ｂ――　カシオペア座ですか。

大川隆法　ええ。

B――　それは、どのような姿の宇宙人か、お分かりになりますでしょうか。

大川隆法　その軍事技術にかかわっているのは、カシオペア座のほうから来ている者が主力と思われますが、姿形《すがたかたち》は……、うーん、どのように表現するのがいちばんふさわしいかな？

レプタリアン（爬《は》虫類《ちゅうるい》型宇宙人）ではないですね。表現しづらいのですが、うーん……、どのように表現するといいのかな？　いちおう、コスチュームのようなものは着ています。地球適応服ですね。

B――　ヒューマノイドのような感じでしょうか。

大川隆法　うーん、まあ、作業員のなかには、ヒューマノイド的な者もいるのですが、本物の宇宙人のほうはですね、うーん……、これは何と表現すればいちばん分かりやすいかなあ。

顔は怖《こわ》いですね。怖い顔をしています。だから、昔の人が見たら、「鬼《おに》だ」と思うかもしれません。

B――　鬼に近い感じですか。

大川隆法　「鬼だ」と思うかもしれない。やはり、頭に、ちょっと尖《とが》ったものが生えていますね。そして、目が鋭《するど》くて、それなりに怖い顔です。

Ａ――　目は二つですか。

大川隆法　目は二つあります。二つありますが、怖くて、顔は……、先ほど「レプタリアンではない」と言ったけれども、ゴジラの頭に角《つの》が生えたような顔をしているかもしれませんね。

ただ、大きさそのものは、そんなにはなくて、三メートルぐらいでしょうか。

A――　それでも三メートルあるのですか。

大川隆法　そのくらいのものだと思いますが、知能はけっこう高いですね。

B――　一九五四年に、アイゼンハワー大統領が最初に宇宙人と会見したときには、「グレイに近い種族と会見して協定を結んだ」という話も記録に残っているようですが、そうすると、「アメリカは、その後、このカシオペア座の宇宙人のほうにシフトした」ということでしょうか。

大川隆法　アメリカは乗り換《か》えたのです。

A――　いつごろ、どのようなきっかけで乗り換えたのでしょうか。

大川隆法　乗り換えたきっかけは、ケネディの前ぐらいかなあ。おそらく、その前後で乗り換えましたね。最初に来ていた、グレイを使っている宇宙人たちが、実は最強ではないことが分かったからです。

A――　なるほど。

「アメリカに軍事技術を供与するカシオペア座の宇宙人」想像図

大川隆法　だから、まだ、多少はグレイも持ってはいますけれども、乗り換えたと思いますね。

つまり、「こちらのほうが上だ」と見て、組むことにしたわけですが、最初にアメリカと組もうとした人たちが敵国のほうに行こうとするのを阻止《そし》しようとしているようではあります。

基地内にいる宇宙人は、五種類で二百五十人ぐらい

A――　あまり長時間だとお疲《つか》れになりますので、そろそろ終わりにしたいと思うのですが、今日、遠隔透視をされて、「エリア51」

には、何種類ぐらいの宇宙人が、全部で何人ぐらいいるように感じられましたでしょうか。

大川隆法　うーん……。（約二十秒間の沈黙《ちんもく》）

まあ、主《おも》だったものは五種類ぐらいでしょうか。

A――　五種類ですか。

大川隆法　五種類ぐらいはいますね。そして……（約十秒間の沈黙）、ヒューマノイドがいるので、ちょっと数を数えにくいのですが、「生きている宇宙人」ということであれば、二百五十人ぐらいかなあ。そのくらいはいると思いますね。

B――　その宇宙人のなかには、例えば、現在、幸福の科学が指導を受けているベガやプレアデスなどの、友好的で、優秀《ゆうしゅう》な霊性《れいせい》や進化度を持った宇宙人はいないのでしょうか。彼らは、「アメリカとは波長が合わない」ということで、交渉《こうしょう》していないのでしょうか。

大川隆法　アメリカが契約《けいやく》を結んでいる相手は、違うのです。

ベガやプレアデス系の人たちは、今、主として宗教的アプローチをかけていて、アメリカのチャネラーを通して自分たちの存在を一《いっ》生懸命《しょうけんめい》にアピールしています。けれども、アメリカは、やはり、強力な軍事力のほうを求めているので、波長がズバッとは合わないんですね。

それで、今、ベガやプレアデス系は、日本のほうに主力を置こうとして来ているわけです。アメリカは、どちらにいくか分かりません。敵にも味方にも、どちらにでもなる可能性がありますね。いちばん怖いのは、国の指導者のところをコントロールされるようになることです。

A――　はい。

「宇宙の過去・現在・未来を支配する」のが彼らの目的

B――　最後に一つ、アメリカの強力な軍事力の背景になっているという、その主導的なカシオペア座の宇宙人の価値観についてお訊《き》きしたいと思います。

その宇宙人の気持ちは、宗教的に見て、いかなる方向のものなのでしょうか。

大川隆法　ここの中心にいる者たちは、「宇宙の未来は、完全にコントロールできる」という主義を持っているので、「全部、自分たちの設計どおりに動かしたい。そこから逸《そ》れるものについては、修正をかけていきたい」という気持ちを持っていますね。

要するに、彼らは、「宇宙の過去・現在・未来を支配したい」と思っているのです。

これは、ある意味で、幸福の科学のまだ弱いところだろうと思います。当会は、「科学技術でもって、積極的に軍事的勝利を収める」という考え方とは、まだ十分に波長が合っていないので、そういうタイプの人たちとの交流が十分できずにいるわけです。それは、日本自体の後《おく》れでもあるのですけれどもね。

A――　はい。

大川隆法　今は、おそらく、こちらのカシオペア座の宇宙人のほうが強いと思われますが、アメリカに最初に来たレプタリアン系のほうは、今、ほかの国に売り込《こ》みに入っている感じですね。

A――　今日は、本当に貴重な情報をたくさんお聴《き》かせいただきまして、ありがとうございました。

B――　ありがとうございました。

9　今、アメリカがやろうとしていること

大川隆法　はい。以上です。

まあ、何とも分かりかねるものはありますが、視えてきたとおりのことを述べてみました。

Ａ――　アメリカがそこまでやっているとは知りませんでした。

大川隆法　スピルバーグも政府に使われているようですね。

A――　はい。

大川隆法　アメリカは、いつも、「自分のところに被害《ひがい》がないようにして戦おう」と考えますが、本当にそのとおりでしたね。

A――　ええ。

大川隆法　宇宙のほうから攻《せ》めてきたように見せる戦略は、何回かは通じるかもしれません。

A――　そうですね。そう考えますと、最近、宇宙人による侵略《しんりゃく》映画がどんどん増えている理由もよく分かります。

大川隆法　だから、それは、時期的にみて、「今、やっておかなければいけない」ということなのでしょうね。

A――　はい。中国の軍拡に合わせて……。

大川隆法　今、やっておかなければいけない時期ですね。

中国に対して、「空母をつくり、ミサイルを撃《う》ち込んでくるぐらいでは、とても間に合わないよ」ということを、次にやろうとしているのだと思います。つまり、「宇宙からの攻撃に耐《た》えられるか」ということですね。

中国のほうは、「ミサイルで、アメリカの空母の甲板《かんぱん》を撃ち抜《ぬ》くぞ。その実戦配備ができたぞ」ということを、今、言い始めていますが、アメリカは、「宇宙人の攻撃に見せかけて、そのミサイル基地を宇宙から攻撃できないかどうか」を考えているわけです。

そして、その中国に対して、何か技術を売り込もうとしている者もいるらしいということですね。

A――　はい。

大川隆法　それに比べると、日本は〝愛と平和の国〟ですね。

Ａ――　これから、幸福実現党も頑張《がんば》ってまいりたいと思います。

大川隆法　まあ、このへんに関して、日本はどうしようもないレベルですね。

Ｂ――　一日も早く世界宗教化を成し遂《と》げ、正しい情報に基《もと》づいたユートピアをつくるように努力・精進《しょうじん》しなければならないと強く感じた次第《しだい》です。

大川隆法　はい。それでは終わりにしましょうか。

Ａ・Ｂ――　ありがとうございました。

第2章

ＵＦＯ墜《つい》落《らく》の真実

二〇一一年八月二十三日　収録

フロリダ沖に墜落した謎の発光体。（WTEV）

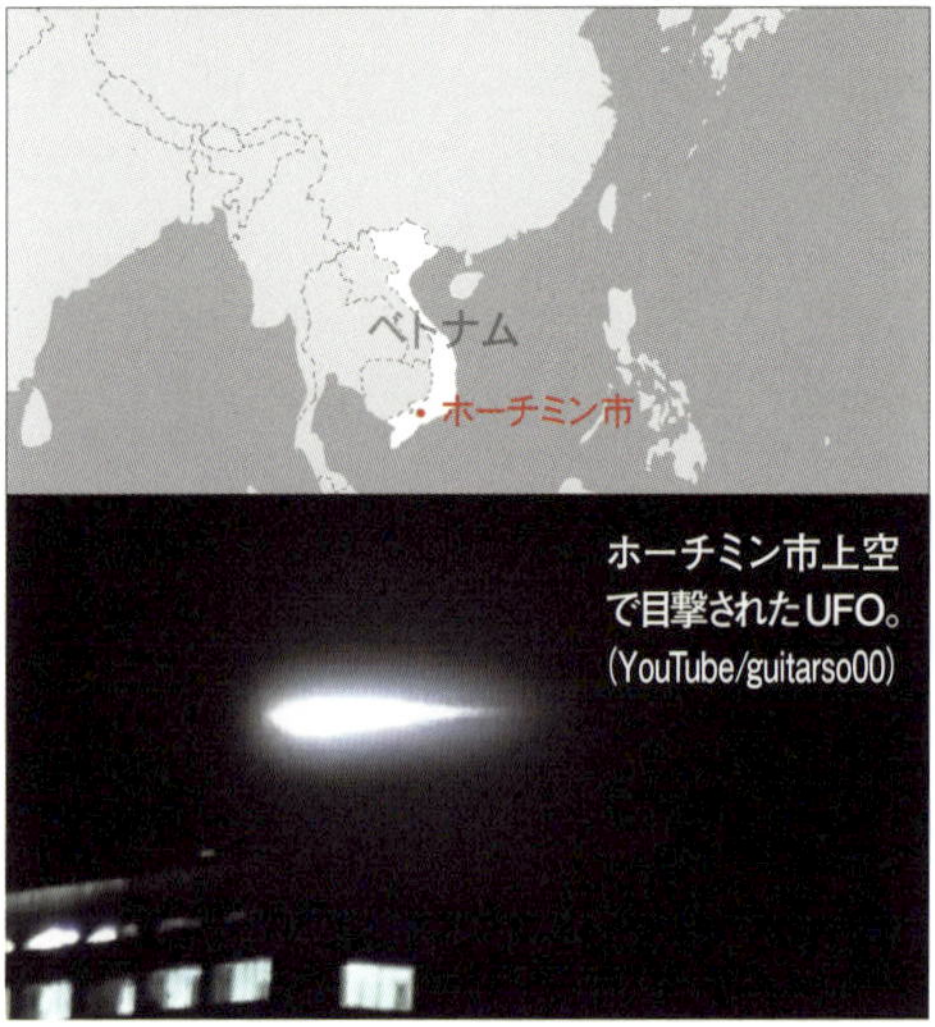

ホーチミン市上空で目撃されたUFO。（YouTube/guitarso00）

［質問者四名は、それぞれC・D・E・Fと表記］

１　全米を騒《さわ》がせた「ＵＦＯ墜落《ついらく》事件」の概略《がいりゃく》

大川隆法　本日は、「ＵＦＯ墜落《ついらく》の真実」という、変わったテーマのため、会場にもすでに笑いが起きているようですが、最近、アメリカで「ＵＦＯ墜落事件」があったことをご存じでない方も多いと思います。

去る八月六日付の「東京スポーツ」に、「ＵＦＯ墜落　フロリダ沖《おき》に巨大《きょだい》発光体」という記事が出ていました。私は、普段《ふだん》、同紙を読んでいないものですから、これが〝高級紙〟かどうかはよく知らないのですが、その記事によれば、実際に「落ちた」とされる日付は七月二十六日です。したがって、その記事が掲載《けいさい》される十日あまり前のことになるでしょうか。

この事件については、少し前にも触《ふ》れたことがあります。（二〇一一年八月九日。『大川裕太《ゆうた》のアメリカ英語武者修行《むしゃしゅぎょう》』〔宗教法人幸福の科学刊〕参照。）

アメリカの三大テレビネットワーク（ABC、CBS、NBC）が大騒《おおさわ》ぎしていたころは、ちょうど、うちの三男（大川裕太）が、夏休みを使い、ニューヨークを中心に語学研修へ行っていた時期（七月二十四日から八月八日）だったため、彼もアメリカでその情報をキャッチしていて、「向こうでも噂《うわさ》になっていた」と言っていました。

私は、テレビなどを全部見ているわけではないので、日本でどの程度報道されたかは分からないのですが、「東スポ」に出たぐらいで、大手の新聞等には出ていなかったと思います。テレビのワイドショーなどで出たかどうかについては確認が取れていませんが、あまり大した報道はなされていないのではないでしょうか。

今回、アメリカではテレビ局で大騒動になりましたが、日本は、霊界《れいかい》やＵＦＯ、宇宙人等に関し、〝情報鎖国《さこく》〟国家になっていますので、真実を知る手がかりがなかなかつかめません。

ただ、最近、アメリカのテレビである「ナショナル ジオグラフィック チャンネル」（衛星・ケーブルテレビ放送局）で、「ＵＦ

O・エイリアン特集」を連続で放送していました。それは、英語でも日本語でも見られるので、私も多少は見ています。

そのように、あちらのほうは、かなりの〝先進国〟で、もう、誰《だれ》もが研究している状態です。

三男は、アメリカ語学研修の際に、幸福の科学のニューヨーク支部、および、西海岸のサンフランシスコ支部やロサンゼルス支部にも立ち寄り、ネイティブ信者を相手に、英語で座談会を行いました。

そのときに、自分からUFOの質問などをしたところ、現地の人は〝ファイアボール〟（火の玉）という表現を使いながら、「そんなものは支部の上によく飛んでいるよ」と答えたそうです。「そんなの常識じゃない？」「日本はちょっと後《おく》れてるなあ」「今ごろなんでそんなことを言ってるわけ？」といった反応だったと聞きました。

日本では、私の「宇宙人リーディング」シリーズがだいぶ出ているのですが、まだ翻訳《ほんやく》がなされていないため、「現地では、『なぜそんなに遅れているのか』というような不満が、多少出ていた」とのことでした。

このスポーツ紙には、「フロリダ沖に巨大発光体が墜落した」という記事とともに、「八月一日の夜、ベトナムの大都市・ホーチミン市の上空でも巨大ＵＦＯが目撃《もくげき》された」という記事も出ています。（注。実際のホーチミンの目撃情報は七月二十五日。本記事は誤報と思われる。）主として、ＹｏｕＴｕｂｅ《ユーチューブ》等の動画サイトで報道が広まったようです。

フロリダ沖に墜落したＵＦＯは、目撃者多数で、沿岸警備隊まで出動して捜索《そうさく》したようですが、結局、何も見つからなかったとのことです。また、空軍のレーダーにも何も映っていなかったようです。すでに元の形がなくなっているのか、母船等によって回収されているのか、あるいは、何かの見間違《みまちが》いだったのか、それは分かりません。

地元の警察関係者は、合理的な理由をつけようとして、「あるとしたら、『中国で使われるランタン（祝祭時に空に飛ばす灯火）のようなもの』としか説明しようがない」と語っていたそうですが、「それは、ちょっとありえないのではないか」と、私は思います。

キャンドルに火を点《つ》け、ランタンを膨《ふく》らませて、空に飛ばしたら、二十分ぐらいは持つこともあるため、そういう可能性を挙げたようです。

しかし、目撃者たちは、「そんな小さなものではない。巨大な白い玉で、尾《お》を引きながら、ものすごい速さで飛んでいた」と言っているので、おそらくランタンではないだろうし、花火でもないだろうと思います。

2 「フロリダ沖《おき》UFO墜落《ついらく》事件」の真相

UFO墜落《ついらく》現場の「遠隔透視《えんかくとうし》」を試《こころ》みる

大川隆法　さて、今回は、いちおう、「七月二十六日夜のフロリダ沖《おき》」ということで、だいたいの時間と場所が分かっているため、この時間に固定して、何か視《み》えるか視えないか、探索《たんさく》してみたいと思います。

もし、探索した結果、ＵＦＯであることが確認でき、そのなかに何らかの知的生命体が存在していて、最期《さいご》の瞬間《しゅんかん》を迎《むか》えるようなシーンが出てきた場合であっても、そのＵＦＯの乗組員の魂《たましい》がまだ地球圏《けん》に留《とど》まっているならば、それを捕捉《ほそく》することが可能です。

したがって、できれば捕捉を試《こころ》みたいと思います。

もし、母船が墜落《ついらく》したＵＦＯを引き上げ、連れて帰ってしまっていた場合には、すでに地球圏に魂がいない可能性もあるのですが、やってみないことには、分かりません。

そこで、万一《まんいつ》に備え、本日は、質問者に〝宇宙人系〟の魂を持つ人を中心に用意しております。

それでは、調べてみましょう。さあ、この事件は何だったのでしょうか。

これから私が瞑想状態《めいそう》に入り、七月二十六日のフロリダ沖に焦点《しょうてん》を合わせ、透視《とうし》を始めますので、質問者は、「つながった」と思ったあたりで、好きなように、質問をしてくださって結構です。

では、行きます。

（約七秒間の沈黙《ちんもく》の後、大きく息を吐《は》く）

二〇一一年七月二十六日夜、アメリカのフロリダ沖に巨大《きょだい》な白い発光体が落ち、アメリカ三大ネットワークで大騒《おおさわ》ぎになる事件がありました。

この正体がＵＦＯであるのかどうか。

ＵＦＯであるとしたら、どこの星のＵＦＯなのか。

そのなかに乗組員がいたのかどうか。

乗組員がいたならば、どのような状態になったのか。

その後《ご》は、どのようになっているのか。

これらのことについて情報を取ってみたいと思います。

それでは、「西暦《せいれき》二〇一一年七月二十六日の夜、アメリカのフロリダ沖」にフォーカスして、透視します。

ＵＦＯを操縦していた宇宙人に「墜落《ついらく》の原因」を直撃《ちょくげき》する

大川隆法　（約二十秒間の沈黙の後、ＵＦＯの乗組員と意識がつながる）

宇宙人　（苦しそうに）うん。ううん。うう、う。あー、ああ、ああー。あ、あああっ。ああ、あっ。ああっ。

Ｃ――　今、どのような状態でしょうか。

宇宙人　まずい。ううーん、まずい。ああ。しまった！　失敗した。まずい。

C――　何を失敗してしまったのでしょうか。

宇宙人　ううーん。操作を失敗した。

D――　今、UFOのなかにいるのですか。

宇宙人　げ、げ、げ、減速をかけるべきところを、加速した。しまった。たまにこんなことが……。減速だったんだ。

C――それは、今からでは止めるのが難しい状態なのですか。

宇宙人　おお、な、なんでこんなことになったんだか……。減速して停止するつもりだったのに、加速したから、海中に突入《とつにゅう》しちゃったんだ。ちょっと、まいったなあ。何を間違《まちが》えたんだろう。

D――今、「宇宙船のなかにいる」という状況《じょうきょう》でしょうか。

宇宙人　ああ、そうです。

D――　すでに海のなかに入っていますか。

宇宙人　うん？　いや、だから、今、これから……。

D――　これから？

宇宙人　いや、いや、今ね、あのー、大変なのよ。

D――　はい。お察しします。

宇宙人　ああ。いや、間違えたんだよ。間違えたのは分かったんだが、この機械が悪いんだよ。間違えたら、「間違いだから早く修正するように」って警告してくれないと。こんな旧式、駄目《だめ》だよ。

D――　なるほど。アラート機能に少し問題があったわけですね。

宇宙人　そうなのよ。間違うこともあるんだ。私たちだって全知全能じゃないんだからさ。

こ、こりゃまいったな。マッハ8で飛んでたから、こりゃもう、止まらないわ。困るなあ。

C――　今は海中で宇宙船に乗っているのですか。

宇宙人　あ、いや、これから海中に行くのよ。

C――　これから海中に？　失礼しました。今、向かっているところですね。

宇宙人　今、向かってるところだから、大変なのよ。

C――　はい。

宇宙人　もう、だから、〝永遠の一瞬〟を生きてるのよ。

もうちょっとで、この、この、パパパパ、これ、大変な、もう。いや、いや、いや、いや、いや、いやだ、もう。すっごい発熱して、発光しているよ。

D――　ああ、はい。

宇宙人　外も、ものすごい温度になっちゃって。これはいけない。

宇宙人が明かす「フロリダ沖《おき》出現の目的」と「計画の失敗」

D――　ちなみに、どちらの星からいらっしゃったのでしょうか。

宇宙人　ええ？　ど、ど、どちらからって？

D――　はい。

宇宙人　「どちらから」って、あんた、何言ってるんだ。地球を警備してるのよ。

D――　地球を警備している？

宇宙人　地球警備隊だな。

D――　警備隊なのですか。

宇宙人　うん、うん。地球を守ってるのに、ちょっと、何言ってるの？

D――　あなたは地球人ですか。

宇宙人　え？　地球人じゃないよ。地球人のわけないでしょ？　あんた、何言ってんの？

C——　「宇宙連合」(『地球を守る「宇宙連合」とは何か』〔幸福の科学出版刊〕参照)の、どちらかの星の方ですか。

宇宙人　あ、そうそうそうそうそう。そうそうそうそうそう。うーん、うーん。ちょ、何なんだ。うん？　うん？　うん？

E——　もしかして、乗ってきたそのUFOは、他の星から〝レンタル〟しているUFOではありませんか。

宇宙人　いや、レンタルじゃないんだけどさあ。階級によって、いいのが当たる場合と、当たらない場合がある。

E――　では、そのＵＦＯを提供してもらって、それに乗ってきたということですか。

宇宙人　うーん、うーん、だから、もしミスられたりしたらいけないから、安いのを回されたと思うんだけどなあ。

つまり、「人間に目撃《もくげき》されるＵＦＯ」っていうのは、撃墜《げきつい》される場合があるから、あまり高いのを使わないようにしてるのよ。

ときどき、〝デモンストレーション〟をやらなきゃいけないことになってるんでね。ときどき、人の目に触《ふ》れることになってるんで、今回も、いちおう、その予定ではあったのよ。

だから、〝人間に目撃される予定〟を組んで、フロリダ沖《おき》に出現することまでは、いちおう計画してたんだけどね。

空中に静止して、グルグルッとデモンストレーションをして、沿岸の人を脅《おど》して帰るつもりでいたんだけど、ちょっと不注意をして、操作を誤っちゃったらしいんでね。

やっぱり、借り物はいかんね。俺《おれ》、よそから借りたけど、こんな旧式と思わなかったんだよね。うん。

E――　ちなみに、どこの星から借りているのですか。

宇宙人　「どこの星から」って、こんな〝おんぼろ〟は、もうプレア

デスしかねえだろうが。ったく！（舌打ちする）

E――　それは、私が「プレアデス星人」だから言っているだけではないのですか。（注。質問者Eはプレアデス星人の魂を持つ。『宇宙人との対話』『宇宙からのメッセージ』〔共に幸福の科学出版刊〕参照。）

宇宙人　いや、そんなことはないですよ。あすこの科学技術はすごく後《おく》れてっからさ。

E――　はあ、そうですか。

宇宙人　うーん、もうほんと、みな怠《なま》けもんばっかりだから、もうちょっとちゃんと研究してほしいんだよ。

E――　はい、頑張《がんば》ります。

宇宙人の「出身星」と「地球での任務」について

C――　ところで、あなたは、どちらのご出身ですか。

宇宙人　私？　私はね。うーん、いちおう、今、「何人《なにじん》」と言ったらいいのかな？　地球には月の裏から来たんだけども、その前もあるからね。その前は、えーと……、地球の外側の軌道《きどう》を回ってる惑《わく》星《せい》が一つあるんだけどね。そっちのほうから来て、さらにその前は……、うーん、「あっち」から来たんだよ。

何だろう。えーっとね、これ、あんたがたは何て言うんだ？　グレイをつくってる生産地の一つだな。グレイ生産工場が幾《いく》つかあって……。

D――　それはマゼラン星雲のほうですか。

宇宙人　うん？　マゼランじゃないほうだ。

D――　マゼランではないほう？

宇宙人　うん。マゼランじゃなくてね。ええ、ケンタウルスかなあ。ケンタウルスにグレイの生産工場があるのよ。うん。あっち（マゼラン星雲）のほうにもあるんだけどね。

まあ、元はそっちのほうから来て、地球警備隊のなかに志願して入ったんですけどね。

プレアデスのおんぼろに乗せられたから、ひどい目に遭《あ》っちゃったよ。

E――　ケンタウルスは科学技術が発展しているんですよね？

宇宙人　そうなのよ。だから、普通《ふつう》はもっといいのを持ってるんだ。

E――　それならば、ケンタウルスから乗ってきたほうがよかったのではありませんか。

宇宙人　だけどさ、私なんかは、その、何ちゅうの？　もう、〝命の値段〟のほうが安いのよ、どっちか言うとな。

E――　（笑）はい。

宇宙人　地上に出る以上はだね、アメリカなんかは空軍がけっこう強いから、場合によっては、撃《う》ち落とされる可能性があるわけだ。

UFOは、レーダーに映らないように、ステルス機能を持ってるから、いちおう大丈夫《だいじょうぶ》だとは思ったけど、「目に見える」っていう場合には、やっぱり撃ち落とされることもある。空中で止まってるときにミサイルを撃ち込《こ》まれたら、落ちるのよ。ミサイルが当たったら、そらあ、落ちちゃうからね。

E――　そうですね。はい。

宇宙人　目撃されるのは、危険といえば危険だから、いちおう命懸《いのちが》けなのよ。〝特攻隊《とっこうたい》〟なの、こっちも。ほんと、そうなの。だから、命懸けだけど、「守っているよ」ということを、みなにお見せしなきゃいけないので、ときどき出てくるのよ。

E――　では、そうやって地球に来て、そのあとの目的は何だったのですか。

宇宙人　だから、警備をしてるけど、まあ、地球での運転練習をちょっとね。

あのね、やっぱり、階級はあるのよ。マイル数というか、マイレージ（飛行距離《きょり》）を稼《かせ》がなきゃいけないわけよ。JAL《ジャル》やANA《アナ》のマイレージみたいにね。「どれだけ飛んだか」っていう、あれによって階級が上がるのよ。「地球を何周したか」で上がるわけよ。だから、私は、まだちょっと、〝若葉マーク〟だったのよ。

D――　今回は、お一人で乗ってこられたのですか。

宇宙人　ええっ？「お一人で」って？　いや、だって、このおんぼろ、こんなにちっちゃいから、「一人で」に決まってるよ。

D――　お一人ですか。そのように、警備隊に志願して、一人で宇宙船に乗るようなシステムがあるのでしょうか。

宇宙人　いや、それは、いちおう「死ぬ可能性」があるから、数を減らしてるんであって、うーん……。

実際には、ほかにも出ていたんだけど、落っこちたのは私だけだからさ。だから、これ、写真を撮《と》られちゃったんだねえ。

「ベトナムで目撃《もくげき》されたUFO」とのかかわりは？

C――　その前日、ベトナムで、これと似たUFOが目撃《もくげき》されているのですが。

宇宙人　うん？　うん？　あ、それ、別口だから。それは別のところに訊《き》いてくれないと、ちょっと分からないな。

C——　全然別のものですか。

D——　同一機ではないのですね。

宇宙人　ええ？

D——　同じＵＦＯではないのですね。

宇宙人　うん、違うよ。それは、別、別よ。それ、別だよ。

C――　同じグループではあるのですか。

宇宙人　う～ん、いや、ほかの星のものもいっぱいいるからね。それはちょっと分かんない。

チャネラーの肉体を乗り換《か》えて、さらに語る宇宙人

宇宙人　何？　もっと、面白《おもしろ》い話が聞きたかったら、こっち（E）

に入るよ。（注。Eはチャネリングが可能。）

D――（笑）

宇宙人　こっちに入ろうか？　入ろうか？　この人（大川隆法）、偉《えら》いんでしょ？　総裁でしょ？　あんまりみっともない話をすると、恥《は》ずかしいんでしょ？　この次は、きっと、「〝海猿《うみざる》〟の救援《きゅうえん》」みたいな話になるんでしょ？

E――（笑）やはり、「お猿さん」のようなお姿をされているのですか。

宇宙人　いや、それ、まずいから。
そっちに入ろうか。うん、じゃあ、そっち入るよ。

E――　はい。

大川隆法　それでは、そっちへ行け！　ほい！（宇宙人の魂を移動させる）

宇宙人　（Eの肉体に入る）はあー。姿だとか、ほんと言わないでほしいんですけどねえ。

D――　ケンタウルスから来られたとのことですが、以前の「宇宙人リーディング」（『宇宙人との対話』『宇宙からの使者』〔共に幸福の科学出版刊〕参照）のときに出られたケンタウルスα《アルファ》の方と、やはり同じようなお姿でいらっしゃいますか。

宇宙人　うーん……。でもね、〝いわゆる猿〟って言われるのが、ちょっと嫌《いや》なんだよねえ。猿、猿、猿、猿、あんまり言わないでほしいんですけど。

D――　「あえて、たとえるとすれば」ということですか。

宇宙人　そうですね。はい。

D――　あなたのように、志願して地球に来ている方は、どれぐらいいらっしゃるのでしょうか。

宇宙人　「志願して」って、「〝マイレージ〟をためるために」ってこと？

D――　「マイレージをためるため」という目的もあるかもしれませんが、地球警備隊に志願したのは、どういう理由なのでしょうか。

「フロリダ沖に墜落したUFOを操縦するケンタウルス星人」想像図

宇宙人　それは、地球が弱いから、守ってやらないとねえ。今、ちょっと、いろいろあるからねえ。

C――　すでに、地球にいらっしゃってから、だいぶ年数はたっているのでしょうか。

宇宙人　そんな、さっき言ったじゃないですか。「僕《ぼく》はまだ若葉マークだ」って。

C――　「まだ来たばかり」ということですね。

宇宙人　うん。まだ若いから、そんなにベテランじゃない。だから、間違えたんだって。恥ずかしいことを言ってるじゃないですか。

なぜ「母船からの救出」が来ないのか

C——　フロリダの海岸が、アメリカの人々に、ものすごく注目を浴びている状態だと思うのですが、今、もうすぐ海に入っていくところなのでしょうか。

宇宙人　ああ、もう、海のなかだね。今、みんなが注目しているから、「どうやったら、また戻《もど》れるか。どうやったら、逃《に》げられるか」って、海の底のほうで、もごもごもごもご動いてるんですよ。でも、今、みんなが見つけようとして、一生懸命《いっしょうけんめい》探してるから、ちょっと困ってるんですよ。

D――　今もまだ海中にいらっしゃるのですか。

宇宙人　そう。どうやったら出られるかねえ。

大川隆法　〝イセエビ〟にでも化けたら、出られるかもしれないね。

宇宙人　ああ、じゃあ、宇宙船は捨てて？　なるほど。

大川隆法　母船のほうでも探しているのでしょうかね。

宇宙人　ちょっと、あなた（D）の姿、借りられると助かるんですけど。

D——　あ、はい（笑）。（注。質問者Dは、エササニ星人の魂を持つ。エササニ星にはエビの姿に似た種族がいる。『宇宙人リーディング』『女性リーダー入門』〔幸福の科学出版刊〕参照。）

大川隆法　母船から回収に来ないのですか。

宇宙人　うーん。何だか見捨てられてるんです。

大川隆法　見捨てられている？（笑）

宇宙人　忘れられてるんですよねえ。

何か、あっちの星から、「ほわー、あいつ、あんなことになっちゃってる」って見られてるのは分かってるんですけど、助けに来てくれないんですよ。

助けに来ると、またみんなが注目してスクープにするから、「ケンタウルスは、それが目的で（地球に）いるんじゃない」ということですかね。

大川隆法　機体はかなり傷《いた》んでいるのかな？

宇宙人　もう、けっこう傷んだねえ。操作を間違えちゃったからねえ。

大川隆法　宇宙船のなかに、水は入ってきました？

宇宙人　いや、入ってきてないから、いちおう、息とかは大丈夫。

D――　あなたはまだ生きていますか。

宇宙人　あ、生きてま……す？　生きてる……。

D――　UFOは水のなかでも動くことができるのでしょうか。

宇宙人　私、生きてますよね？

大川隆法　（笑）

宇宙人　生きてるん……、ほら、肌《はだ》、ぴちぴちしてるもん。うん？
生きてる？

D――　生きていらっしゃる？

宇宙人　生きてるよね。え？

D――　今、脱出《だっしゅつ》の方法を探《さぐ》っているのですか。

宇宙人　探してる……はず。

D――〝はず〟ですか。これから、母船が回収に来たり、救出に来たりする可能性はあるのでしょうか。

宇宙人　いちおう、「エマージェンシーボタン」（非常ボタン）を押《お》していて、「助けに来て！」って言ってるのに、来てくれない。

D――ボタンを押したのですね。

宇宙人　ちょっと、ちょっと、助けてください、あの人。ケンタウルスの人。（注。会場で聴聞《ちょうもん》していた質問者Fのほうを向く。Fはケンタウルスα星人の魂を持つ。『宇宙からの使者』参照。）
ちょっと、お願いしますよ。

現在、海を漂流《ひょうりゅう》して〝世界旅行〟中？

C――　母船からの救出が来ないままであれば、アメリカ軍が調査に来る可能性もありますが。

宇宙人　実は、もうアメリカから離れて、ヨーロッパを回って、アフリカを回って、グルーッと、今、インド洋あたりにまで来たような気がするなあ。

C――　それは、海のなかを移動しているということですか。

宇宙人　こう、海のなかで移動して、今……。

大川隆法　海流に流されているのかな？

宇宙人　うまーく、こう、操縦しながら……。

大川隆法　機体は動くの？

宇宙人　はい、できます。そのくらいできますよ。

大川隆法　でも、海から外へは出られないの？　空は飛べないの？

宇宙人　うーん。だから、いつか、海からシュポッと出て、サッとケンタウルスに帰りたいんだけど。

大川隆法　〝世界旅行〟ができるなら、どこからでも、「飛び出せば終わり」で行けるのではないかな？

宇宙人　そう、でも……、どこからですか。

大川隆法　どこか故障しているのでは？

宇宙人　ま、故障はしてるねえ。海からシュポッと出るほどのエネルギーが、もうなくなってきてるから、海のなかで、こう、うまーく波に流されながら、シュルシュル、シュシュシュ……。

大川隆法　（機体を透視して）ああ、加速装置のほうを、何かぶつけたようだね。

宇宙人　何か、ちょっと、壊《こわ》れた。一個燃えたねえ。

D――　最近、あなたと同じように、海のなかに墜落するＵＦＯがけっこうあるようなのですが。

宇宙人　あえて演出してるやつもいると思うけどなあ。

D――　ああ、人に見せるためにですか。

宇宙人　うん。わざとやる。

だから、人が乗ってないで、「シポーッ、ゴーッ」とやるのもあれば、俺みたいに操縦を間違えるのもあるし。

まあ、間違えるって人は、あんまりいないと思うんだけどなあ。

バミューダ海域に「海底UFO基地」は実在するか

大川隆法　フロリダ沖というと、昔から、「バミューダ海域には、海底にUFOの基地があるのではないか」という説もありますが、どうなのですか。

宇宙人　でも、あれは……、あ、ケンタウルスもいるなあ。ケンタウルスと、どこだ？　宇宙連合系……。でも、ケンタウルスが多いなあ。ベガもちょっと見えるな。うん。います。

でも、私なんかより、全然、役職が上の人たちがいますねえ。

D――　一人乗りで来る方は、「地球を守っている」ということを示すためのパフォーマンスであったりすると思うのですが。

宇宙人　うーん。「守っている」ってアピールをするつもりだけど、ケンタウルスからしたら、私なんかは、「下っ端《ぱ》が何しに来よったか」って感じですかね。

D――　上のほうの人は、どんなふうにしているのですか。

宇宙人　どんなふうに？　「普段の仕事」ってことですか。

D――　いえ、上のほうの人が、そういう計画を仕切っているのですよね？

宇宙人　うん。

でも、「わざわざ姿を見せに行く」ということは、ある意味、「命も危ない」ということなので、われわれケンタウルスは、本当に、「地球の危機」とか、「地球で戦争が起きそうなとき」とかには行きますし、前にあった「エル・カンターレ祭」にも来ましたし、普段は、だいたい、そういうときにしか姿を見せないようにはしてるんですけど。（注。二〇一〇年十二月四日のエル・カンターレ祭《さい》での法話《ほうわ》『世界宗教入門―「地球人」へのパラダイムシフト―』（横浜《よこはま》アリーナ）において、「宇宙時代の到来《とうらい》」について語った直後、会場上空にＵＦＯの大群が出現し、数千人が目撃。後日、プレアデスやベガ、ケンタウルスα、ウンモ等によるものと判明した。『地球を守る「宇宙連合」とは何か』参照。）

そんな、わざわざ「警備しとるぞー」と見せには行きませんけどねえ。ちょっと、俺がでしゃばったんかなあ。ちょっと有名になりたかったのもあったからねえ。

宇宙人自身も気づいていなかった「ＵＦＯ墜落《ついらく》事件の顚末《てんまつ》」

Ｃ――　今、本当に生きていらっしゃいますか。

大川隆法　（笑）それが怪《あや》しいところですね。

宇宙人　もう、分からなくなってきたなあ。でも、なんで出られないんだろうなあ。ＵＦＯのエネルギー不足だと思っとったんだけど、何だろうなあ。何だろうなあ。

大川隆法　しかし、海に落ちて飛び上がれないのに、「世界の海を旅行している」というような言い方をしていたところなどは、少し怪しい感じがします。

宇宙人　心臓が分からん。（両手を胸に当てる）

大川隆法　すでに「死んでいる」のではありませんか。

宇宙人　うーん。何か、そんな気もする。心臓、感じない。もう駄目になったのかもしれないなあ。一瞬、「やばい」と思って、「苦しい」と思ったしなあ。でも、そこから、何か息をしてる気分になったからなあ……。死んでるのかな？

大川隆法　海に突入したときの衝撃《しょうげき》で気絶して、もうそのまま逝《い》っているのではないでしょうか。

宇宙人　すっごい衝撃はあったなあ。

大川隆法　生きているつもりかもしれませんが。

宇宙人　ついでに地球旅行をしてる気分ではおるなあ。

大川隆法　肉体的には、地球人と比べても、それほど強いというわけではないと思うのですね。

宇宙人　向こう（ケンタウルスα星人）は、けっこう小柄《こがら》なんですよねえ。

大川隆法　グレイではありませんよね。

宇宙人　グレイではない。けっこう毛が生えてる。

大川隆法　（笑）毛が生えていますね。

C——　今後、どうすれば、あなたの魂を救えるのでしょうか。

宇宙人　どなたが救ってくれるんですかねえ。

C——　大川隆法総裁もいらっしゃいますし、お願いをしてみては？

宇宙人　ああ、宇宙人をも救ってくれるんですか。

大川隆法　うーん。たぶん、宇宙人が助けに来ないところを見たら、すでに〝終わっている〟と、彼らは見ているのではないかと思います。

宇宙人　なーんでエマージェンシーボタンが効かないのか、分かんない。

大川隆法　あなたは、「ボタンを押しているつもり」でいるだけなのではありませんか。霊体になって、ボタンを押しているつもりでいるのではないでしょうか。

すでに、七月二十六日から一カ月近くたとうとしておりますので、一人乗りＵＦＯだったら、そんなには生きていられないと思います。

宇宙人　うーん、そうだな。最近、何か食料を口に入れた記憶《きおく》とかはないなあ。

ただ、楽しく、あっちこっち行って遊んでる感じがしてるなあ。

大川隆法　だから、きっと、あなたは「宇宙人」であるにもかかわらず、まだ死んだ自覚がないのでしょう。

宇宙人　そうなの？

大川隆法　これは、地球人の交通事故と、ほとんど同じですね。

宇宙人　まあ、そんな感じだなあ。

大川隆法　それでは、いったん出しましょう。はい！（手を叩《たた》き、宇宙人の魂をEの肉体から出す）いったん出てください。

3 「ベトナムに飛来したＵＦＯ」の意外な目的

「ホーチミン市上空で目撃《もくげき》されたＵＦＯ」を透視《とうし》する

大川隆法　あとは、（新聞記事を見ながら）「ホーチミン市上空にも!!」という記事も出ていますが、これは何ですか。

Ｃ――　先ほどの宇宙人とは別のものが出たということは分かりました。

F――　これで分かりましたね。

C――　はい。別のＵＦＯが出たということですね。それとは関係がなかったということだと思います。

D――　その前日に現れたのは……。

F――　「ケンタウルスではなかった」ということですね。

大川隆法　（笑）これは記事が小さいですからね。

「ベトナムのホーチミン市上空でもＵＦＯが目撃《もくげき》された」「フロリダでＵＦＯを目撃した人たちは、ベトナムで撮影《さつえい》されたこの『ＵＦＯ動画』を見つけ、『私たちの見たものと似ている』と話している」と書かれているわけですね。

このことの裏を読むには、かなり知能が要《い》ります。少なくとも、「アメリカの三大ネットワークでも流れた」ということは事実でしょうから、これを流したというのは一つの仕事ではあります。

Ｄ――　フロリダのものには、動画がなく、写真だけが出回っています。動画があるのはベトナムのものだけです。

大川隆法　フロリダのほうは写真だけで、ベトナムのほうは動画があるわけですね。

今、中東でもあれだけ騒《さわ》いでいますが（注。収録の前日、リビアのカダフィ政権が崩壊《ほうかい》）、そろそろＵＦＯが登場するころではあるでしょう。上空に飛んでいてもおかしくはないころです。どうせ上空から見ているでしょう。おそらく地球上のいろいろなものを見ていると思います。

フロリダのほうは、いまひとつ、すっきりとはしませんでした。念のため、ホーチミン市上空のものも調べてみましょうか。

Ｆ――　それでは、「何者なのか」というところだけでもよいと思いますので、よろしくお願いいたします。

大川隆法　それだけでよろしいですか。

それでは、「フロリダにＵＦＯが墜落《ついらく》する前、七月二十五日にも、似たようなＵＦＯが、ベトナムの大都市・ホーチミン市の上空で目撃され、その映像がＹｏｕＴｕｂｅ《ユーチューブ》で流されている」とのことなので、フロリダのものと何か関係があるのかどうかは分かりませんが、いちおうここにフォーカスしてみます。

二〇一一年七月二十五日夜、ベトナムの大都市・ホーチミン市上空で目撃されたＵＦＯについて、情報を取りたいと思います。

七月二十五日、ホーチミン市上空に現れたＵＦＯについて、情報を取りたいと思います。
では、透視《とうし》を開始します。
（約二十五秒間の沈黙《ちんもく》）

コックピットに座る「アーモンド型の目」をした宇宙人

大川隆法　うーん、これは、少し大きいのではないでしょうか。麦わら帽子《ぼうし》のように、上部がボコッと出ていて、つばの部分がすごく広いタイプに視えます。
そして、ゆっくりと回転しています。これは、時計の反対回りですね。ゆっくりと左回りに回転して、夜空を飛んでいます。

C――　なかに乗っているのは、どういう存在でしょうか。

大川隆法　なかですか？　なかを視てみましょうか。それでは、このUFOのなかを透視したいと思います。UFOのなかを透視したいと思います。

（約十秒間の沈黙）

大川隆法　やはり、機械室がありますね。いちおうコックピットによく似た司令室があります。

そこにいる宇宙人は、アーモンド型の目をしているから、これはグレイでしょうか。アーモンド型の目をした宇宙人が振《ふ》り返って、こちらを見ています。コックピットの中央に座っている宇宙人が振り返って、今、私のほうを見ています。こちらのことを感知したようですね。

そこには三人の宇宙人がいますが、そのチーフが、アーモンド型の目をしたグレイのようです。

あとの二人の顔はまだよく視えないのですが、後ろから視た様子では、頭がツルツルのようなので、グレイの仲間なのでしょうか。

ＵＦＯに乗っているのは三人のグレイです。

コックピットは、船などの艦橋《かんきょう》にある船長室内と似たような感じで半円形になっていて、機械類がたくさん視えています。今、その真ん中にいる、おそらくキャプテンと思われる、目の大きいグレイが振り返って、私のほうを見ているところです。

何か訊《き》いてほしいことがあれば、訊きますが。

C――　今、ホーチミン市の上空だと思いますが、姿を現している意図は、どのようなものなのでしょうか。

大川隆法　姿を現している意図は何でしょうか。なぜ姿を現したのですか。

（約十秒間の沈黙）

大川隆法　うーん……。「中国やベトナムは、霊界《れいかい》を信じないような思想が支配しているのですが、唯物《ゆいぶつ》思想でも、『宇宙人であればありうる』と考える可能性があるので、共産主義が支配したこれらの国を啓蒙《けいもう》するために、そちらのほうから神秘思想を入れようとして、姿を現しています」と言っています。

C――　それには、誰《だれ》かからの指示があるのでしょうか。

大川隆法　そうですね。指示はあるようです。

やはり、「姿を現す」ということは、「生命の危険がある」ということなので、こんなにはっきりと見えるようなかたちで現れる場合には、グレイなどを使って行うことが多く、本当の宇宙人は、上空の母船にいることのほうが多いようです。

「ベトナムの防空体制」を中国にリークしている

C――　今回は、特に、どの星の方からの指示なのでしょうか。

大川隆法　今回、どこの星の方の指示で来たのでしょうか。

このグレイは、頭がツルツルなんですけれども、ただツルツルなのではなく、後ろが炎《ほのお》の先のように、やや尖《とが》っているというか、何かそんな感じの頭をしているのですが……。

ああ、視えてきました。顔の色はいわゆる灰色で、大きなアーモンド型の目をしており、大きな鼻の穴が二つ視えます。下には服を着ています。

今、私には白黒にしか視えていないのですが、いちおう制服のようなものが黒っぽく視えています。

黒っぽい服の真ん中のあたりにあるのは、何でしょうか。そこがチャックのあるところかどうかは、よく分からないのですが、宇宙服を着ている、ここの部分（胸のあたりを指す）は白く視えます。

これは、もしかしたら、色がついている可能性もありますが、今は白黒に視えています。

それで、どこの宇宙人と関係が深い？　どこの宇宙人と関係が深いのでしょうか。

（約十秒間の沈黙）

大川隆法　ああ、「中国のほうに入っている宇宙人と関係が深い」と言っています。それは、レプタリアン系ですか。どうなのでしょうか。

「ホーチミン市に現れたUFOのコックピットにいる３人のグレイ」想像図

（約七秒間の沈黙）

大川隆法　うん、そのような感じですかねえ。

要するに、ベトナムの防空・警備体制のチェックをしているような感じでしょうか。「国の上空を飛んだら、どの程度まで捕捉《ほそく》できるのか」をチェックして、情報を集めているようです。

C――　ということは、ある程度、中国の側に立っているのでしょうか。

大川隆法　そうですね。「中国を指導している宇宙人と関係がある」

というように言っています。

C――　中国を指導しているレプタリアン系の宇宙人ですか。

大川隆法　そうすると、これは、中国の海洋戦略のほうに関係があるのでしょうか。そのような感じがします。

防空能力のチェックをするために、「どのあたりを飛ぶと捕捉されるか」とか、「どのように防衛態勢に入るか」とか、そういうことをＵＦＯがチェックしているようです。おそらく、中国の指導に入っているものが、そのようにして集めた情報を中国に教えているのではないかと思われます。

D――　それは、中国政府容認の下《もと》で行われている行動でしょうか。

大川隆法　少なくとも、軍部のほうとはつながっているように思えます。

D――　ある意味、一緒《いっしょ》に軍事訓練をしているような感覚なのでしょうか。

大川隆法　そこまで行《い》っているかどうかは分からないのですが、中国には、ＣＩＡに当たるような特殊《とくしゅ》な諜報《ちょうほう》部門があります。

そのなかに、どこから集めている情報かは分からないようになっているものの、特殊情報が集まるようになっている部署があり、そことコンタクトをしているようですね。限られたかたちでコンタクトをしているようです。

これは、ベトナムの防空体制を調べているようです。「この高度だとレーダーに映るか映らないか。どのあたりで防衛態勢に入るか」といったことを調べているようです。

C――　そうですか。「宇宙人の技術が中国のほうに渡《わた》っている」ということはないのでしょうか。

大川隆法　「今、中国のほうに、ステルス技術の協力をしている」と言っています。ＵＦＯはレーダーに映らないようにできるので、今、そうした技術を多少は譲《ゆず》ろうとしているようです。

しかし、「なぜか、速度がそれほど出ない」と言っています。本当は、速度がもっと出ないといけないのですが、あまり出ないのと、重力制御《せいぎょ》もまだうまくいかないようです。「空中で止まったり動いたり、自由に動くようなところが、まだうまくいかずにいるが、中国もＵＦＯづくりの研究を始めている」と言っていますね。

Ｃ――　どの星のレプタリアンであるかは特定できますか。

（約十秒間の沈黙）

大川隆法　うーん、中国人にもそこまでの認識はなく、「宇宙人」という認識しかないようです。

中国としては、とにかく、ＵＦＯ技術をもらい、ＵＦＯのようなものをつくって飛ばすことができれば、「これからは、『中国空軍がやっている』とは思われずに、軍事的な対象になっている所を調査できるようになる」というわけです。「情報を人工衛星から取るよりも、もっと低い位置から正確に取れるようになるため、何らかのＵＦＯ技術を開発したい」と思っているようです。中国は、「どうやら、アメリカがその技術を持っているようだ」ということをつかんでいるので、「自分たちも、その技術を何か手に入れたい」と思っています。

要するに、「ステルス性と高速機能、あとは重力の操作によって、止まったり動いたり、急上昇《じょうしょう》したりして、ミサイルで撃《う》ち落とされないような動き方ができるための研究をしている」と言っています。

どの星のＵＦＯが「中国の空港閉鎖《へいさ》事件」を起こしたのか

Ｄ――　先日、八月十七日に、中国の重慶江北《じゅうけいこうほく》国際空港にＵＦＯらしきものが現れ、滑走路《かっそうろ》が一時間ほど閉鎖《へいさ》されたのですが、それとの関連などはございますか。

大川隆法　去年ですか。

D――　いえ、今年です。今年も、去年と同じようなことがありました。

大川隆法　今年の重慶の事件とも関係があるのでしょうか……。うん。中国には、二派の宇宙人が来ています。中国に対して応援《おうえん》的な者と、そうでない者とがあります。アメリカ寄りの宇宙人も来ている一方、アメリカを敵視するタイプの宇宙人も来ています。

これは、アメリカのほうで採用されている宇宙人とは違《ちが》う者でしょう。その前には、ロシアに売り込《こ》んでいた者が来ているようです。

彼らにも敵・味方の違いはあるのでしょうが、基本的には、「自分たちの『生存計画』に地球を使いたい」という気持ちがあるため、ある意味では敵・味方のように見えつつも、「核《かく》戦争等で地球に生物が住めないようにするのは避《さ》けたい」とは思っているようです。そのことに関しては共通の利害を持っているため、「場合によっては、〝悪者〟を演じてもいいから、『宇宙から脅威《きょうい》が来る』ということにして、地球人が戦争をしないようにする」という話をつけているように思われます。

重慶に現れたのは、いったい何でしょうか。中国では、去年も、四川省《しせんしょう》のあたりで何かありましたね。

D――　七月にありました。（注。二〇一〇年七月二十六日、四川省楽山市《らくさんし》上空に三機のＵＦＯが出現。）

大川隆法　それと、空港にＵＦＯが現れて、一時間ぐらい閉鎖されたこともありましたね。

C――　一時間閉鎖になった空港は、杭州《こうしゅう》の蕭山《シャオシャン》国際空港です。

（同年七月七日）

大川隆法　あのときは一時間ほど閉鎖になりましたね。すごい光のＵＦＯでした。（注。このときのＵＦＯはプレアデス星人のものであることが明らかになっている。『地球を守る「宇宙連合」とは何か』参照。）

Ｃ――　今年の八月十七日、重慶空港に現れたＵＦＯも、それと同様の細長いタイプのものです。

大川隆法　うーん……、そちらのＵＦＯは、おそらくプレアデス系かと思われます。何かを激しく牽制《けんせい》しているように視えます。中国を西側のほうに引き込もうとする勢力と、そうではない勢力との争いが、宇宙のレベルにまで広がっているように感じられます。

ただ、「今のところ、『地球に生命が住めなくなるようなところまでは持っていかない』という点では合意ができている」と言っていますが、「どちらのほうが優勢《ゆうせい》になるか」というような点については、まだ競争する余地があるように思われます。

おそらく、次の中国国家主席は、アジア地域に対するかなりの侵《しん》略《りゃく》・拡張欲を持っていると思われますが、「それに協力したい気持ちを持っている宇宙人」と、「それを止めたい宇宙人」の両方があるようです。

プレアデス系の人たちは、今、日本との関係がかなり強くなっているので、「大量のＵＦＯ技術が入ることによって、中国が強国化することを避けたい」という気持ちを持っているようです。

中国を巡《めぐ》って「二派の宇宙人」が激しく争っている

大川隆法　結局、ホーチミン市上空を飛んでいたUFOに乗っていたのはグレイです。飛んでいたものは、麦わら帽子によく似た形をしており、上部が飛び出していて、下部に土星の輪のような円環《えんかん》があるものです。

今のところ、私には、下側に車が出ているところは視えないのですが、もしかしたら折りたたみ式のようになっている可能性があります。そうすると、古典的な「アダムスキー型」にやや似たものになるのかもしれませんが、サイズ的には、もう少し大きい感じもしま す。

一般的《いっぱん》なアダムスキー型だと直径数メートル程度のものでしょうが、ホーチミン市上空に出たものは、もう少し大きいと思われます。三十メートルぐらいあるのではないでしょうか。そのくらいの大きさに視えますが、形としては麦わら帽子に近いように視えます。

その使命としては、「ベトナム空軍の力を試《ため》している」ということです。

D――　ベトナムの防空体制を調べているのですね。

大川隆法　ええ。情報を売ろうとしている感じでしょうか。

一方、プレアデス系は、今、日本とのかかわりがかなり深くなってきているため、ときどき、中国のほうに〝脅《おど》し〟を入れているようです。「UFO技術などの情報を取っている中国の特殊部門がまだつかんでいない情報」に基《もと》づいて動いています。

そのため、中国公安当局のような、その特殊部門では、「これは、アメリカが、何か特殊なステルス性の円盤《えんばん》開発に成功して、スパイに来ているのではないか。UFOのふりをして、アメリカのほうからスパイに来ているのではないか」と疑っているようです。

D――　ありがとうございます。

大川隆法　このくらいでよろしいですか。
はい、それでは以上です。

あとがき

ＵＦＯ情報後進国であり、ほとんど宇宙人情報鎖国状態にある日本に住む人々のために、おそらくは人類最高の霊能力を持つ著者が、啓蒙活動の一環として著《あらわ》した書物である。

「信教の自由」を、「信じない自由」もある、と解釈するあわれな人々もいるが、もっと心を開かねば、未知なる世界を科学することはできないのだ。

米軍のトップ・シークレットにも迫る内容なので、特殊な装丁にさせて頂いた。

なお、国内では、ほとんど報道されなかったが、「二〇一一年フロリダ沖UFO墜落事件」は、米国三大ネットワークでも報道された事件なので、「タイム・スリップ・リーディング」を行った。日本のマスコミの後れを知って頂ければ幸いである。

二〇一二年　四月十七日

幸福《こうふく》の科学《かがく》グループ創始者兼総裁《そうししゃけんそうさい》　大川隆法《おおかわりゅうほう》

『ネバダ州米軍基地「エリア51」の遠隔透視』大川隆法著作関連書籍

『不滅の法』（幸福の科学出版刊）
『宇宙人との対話』（同右）
『宇宙人リーディング』（同右）
『宇宙からのメッセージ』（同右）
『宇宙からの使者』（同右）
『地球を守る「宇宙連合」とは何か』（同右）
『女性リーダー入門』（同右）

大川隆法

（おおかわ　りゅうほう）

幸福の科学グループ創始者 兼 総裁。1956（昭和31）年7月7日、徳島県に生まれる。東京大学法学部卒業後、大手総合商社に入社し、ニューヨーク本社に勤務するかたわら、ニューヨーク市立大学大学院で国際金融論を学ぶ。81年、大悟し、人類救済の大いなる使命を持つ「エル・カンターレ」であることを自覚する。86年、「幸福の科学」を設立。現在、全国および海外に数多くの精舎を建立し、精力的に活動を展開している。著書は、『太陽の法』（幸福の科学出版刊）など900冊を超え、その多くがベストセラー、ミリオンセラーとなっている。主な著書は数多くの外国語に翻訳され、全世界に多数の読者を持つ。またメディア文化事業として、映画「ファイナル・ジャッジメント」など、既に7作の映画を製作総指揮しており、現在、第8作目「神秘の法」の製作総指揮を行っている。幸福実現党、幸福の科学学園中学校・高等学校の創立者でもある。

ネバダ州米軍基地《しゅうべいぐんきち》「エリア51」の遠隔透視《えんかくとうし》

――アメリカ政府の最高機密に迫る――

2012年 6 月 7 日　初版第 1 刷
2012年 7 月 7 日　　　第 2 刷

著　者　　大《おお》川《かわ》隆《りゅう》法《ほう》

発行所　　幸福の科学出版株式会社

〒107-0052 東京都港区赤坂 2 丁目 10 番 14 号
TEL(03)5573-7700　http://www.irhpress.co.jp/

印刷・製本　株式会社 サンニチ印刷

ISBN978-4-86395-195-2 C0031
Photo: razlomov / Shutterstock.com

「宇宙の法」入門

宇宙人とUFOの真実

あの世で、宇宙にかかわる仕事をしている６人の霊人が語る、驚愕の真実。宇宙から見た「地球の使命」が明かされる。

第１章 「宇宙の法」入門
(エンリル / 孔子 / アテナ / リエント・アール・クラウド)
第２章　宇宙人とUFOの真実
(ゼカリア・シッチン守護霊 / アダムスキー)

1,200 円

宇宙人との対話

地球で生きる宇宙人の告白

プレアデス、ウンモ、マゼラン星雲ゼータ星、ベガ、金星、ケンタウルス座α星の各星人との対話記録。彼らの地球飛来の目的とは？

1,500円

※表示価格は本体価格（税別）です。

大川隆法 ベストセラーズ・宇宙人シリーズ

宇宙人リーディング

よみがえる宇宙人の記憶

イボガエル型金星人、ニワトリ型火星人、クラリオン星人、さそり座の宇宙人、エササニ星人が登場。大反響「宇宙人シリーズ」第３弾！

1,300円

宇宙からのメッセージ

宇宙人との対話 Part2

なぜ、これだけの宇宙人が、地球に集まっているのか。さまざまな星からの来訪者が、その姿や性格、使命などを語り始める。

1,400円

宇宙からの使者

地球来訪の目的と使命

圧倒的なスケールで語られる宇宙の秘密、そして、古代から続く地球文明とのかかわり——。衝撃のTHE FACT 第5弾！

1,500円

幸福の科学出版

大川隆法ベストセラーズ・宇宙人シリーズ

宇宙の守護神とベガの女王

宇宙から来た神々の秘密

地球に女神界をつくった「ベガの女王」と、悪質宇宙人から宇宙を守る「宇宙の守護神」が登場。2人の宇宙人と日本の神々との関係が語られた。

1,400円

宇宙人による地球侵略はあるのか

ホーキング博士「宇宙人脅威説」の真相

物理学者ホーキング博士の宇宙の魂が語る悪質宇宙人による地球侵略計画。「アンドロメダの総司令官」が地球に迫る危機と対抗策を語る。

1,400円

グレイの正体に迫る

アブダクションから身を守る方法

レプタリアンにつくられたサイボーグの「グレイ」と、宇宙の平和を守る「宇宙ファイター」から、「アブダクション」の実態と、その撃退術が明かされる。

1,400円

不滅の法

法シリーズ
18作目

宇宙時代への目覚め

「霊界」、「奇跡」、そして「宇宙人」の存在。
物質文明が封じ込めてきた不滅の真実が、
いま、ついに解き放たれようとしている。
この地球の未来を切り拓くために——。

序　章　心の中の宇宙
第1章　世界宗教入門
第2章　霊界と奇跡
第3章　霊性の時代へ
第4章　宇宙時代への目覚め
第5章　救世の時は今

2,000円

太陽の法

エル・カンターレへの道

創世記や愛の段階、悟りの構造、文明の
流転を明快に説き、主エル・カンターレ
の真実の使命を示した、仏法真理の基
本書。

第1章　太陽の昇る時
第2章　仏法真理は語る
第3章　愛の大河
第4章　悟りの極致
第5章　黄金の時代
第6章　エル・カンターレへの道

2,000円

※表示価格は本体価格(税別)です。

幸福の科学グループのご案内

宗教、教育、政治、出版などの活動を通じて、地球的ユートピアの実現を目指しています。

宗教法人　幸福の科学

一九八六年に立宗。一九九一年に宗教法人格を取得。信仰の対象は、地球系霊団の最高大霊、主エル・カンターレ。世界九十カ国以上に信者を持ち、全人類救済という尊い使命のもと、信者は、「愛」と「悟り」と「ユートピア建設」の教えの実践、伝道に励んでいます。

（二〇一二年五月現在）

公式サイト
http://www.happy-science.jp/

愛

幸福の科学の「愛」とは、与える愛です。これは、仏教の慈悲《じひ》や布施《ふせ》の精神と同じことです。信者は、仏法真理をお伝えすることを通して、多くの方に幸福な人生を送っていただくための活動に励んでいます。

悟り

「悟り」とは、自らが仏の子であることを知るということです。教学《きょうがく》や精神統一によって心を磨き、智慧《ちえ》を得て悩みを解決すると共に、天使・菩薩《ぼさつ》の境地を目指し、より多くの人を救える力を身につけていきます。

ユートピア建設

私たち人間は、地上に理想世界を建設するという尊い使命を持って生まれてきています。社会の悪を押しとどめ、善を推し進めるために、信者はさまざまな活動に積極的に参加しています。

国内外の世界で貧困や災害、心の病で苦しんでいる人々に対しては、現地メンバーや支援団体と連携して、物心両面に渡り、あらゆる手段で手を差し伸べています。

年間３万人を超える自殺者を減らすため、全国各地で街頭キャンペーンを展開しています。

公式サイト
http://www.withyou-hs.net/

ヘレン・ケラーを理想として活動する、ハンディキャップを持つ方とボランティアの会です。視聴覚障害者、肢体不自由な方々に仏法真理を学んでいただくための、さまざまなサポートをしています。

公式サイト
http://www.helen-hs.net/

教育

学校法人 幸福の科学学園

幸福の科学学園中学校・高等学校は、幸福の科学の教育理念のもとにつくられた学校です。人間にとって最も大切な宗教教育の導入を通じて精神性を高めながら、ユートピア建設に貢献する人材輩出を目指しています。

幸福の科学学園
中学校・高等学校（男女共学・全寮制）
2010年4月開校・栃木県那須郡

TEL **0287-75-7777**
公式サイト
http://www.happy-science.ac.jp/

関西校（2013年4月開校予定・滋賀県）
幸福の科学大学（2015年開学予定）

仏法真理塾「サクセスNo.1」

小・中・高校生が、信仰教育を基礎にしながら、「勉強も『心の修行』」と考えて学んでいます。

TEL **03-5750-0747**（東京本校）

心の面からのアプローチを重視して、不登校の子供たちを支援しています。また、障害児支援の「**ユー・アー・エンゼル!**」運動も行っています。

不登校児支援スクール「ネバー・マインド」

幼少時からの心の教育を大切にして、信仰をベースにした幼児教育を行っています。

エンゼルプランV

NPO 活動支援

学校からのいじめ追放を目指し、さまざまな社会提言をしています。また、各地でのシンポジウムや学校への啓発ポスター掲示等に取り組むNPO「いじめから子供を守ろう！ネットワーク」を支援しています。

公式サイト **http://mamoro.org/**

ブログ **http://mamoro.blog86.fc2.com/**

相談窓口 **TEL.03-5719-2170**

政治

幸福実現党

内《ない》憂《ゆう》外《がい》患《かん》の国難に立ち向かうべく、二〇〇九年五月に幸福実現党を立党しました。創立者である大川隆法党名誉総裁の精神的指導のもと、宗教だけでは解決できない問題に取り組み、幸福を具体化するための力になっています。

党員の機関紙
「幸福実現News」

TEL 03-6441-0754
公式サイト
http://www.hr-party.jp/

出版
メディア
事業

幸福の科学出版

大川隆法総裁の仏法真理の書を中心に、ビジネス、自己啓発、小説など、さまざまなジャンルの書籍・雑誌を出版しています。他にも、映画事業、文学・学術発展のための振興事業、テレビ・ラジオ番組の提供など、幸福の科学文化を広げる事業を行っています。

TEL 03-5573-7700
公式サイト
http://www.irhpress.co.jp/

入会のご案内

あなたも、幸福の科学に集い、
ほんとうの幸福を
見つけてみませんか？

幸福の科学では、大川隆法総裁が説く仏法真理をもとに、
「どうすれば幸福になれるのか、また、
他の人を幸福にできるのか」を学び、実践しています。

入会

大川隆法総裁の教えを学ぼうとする方なら、どなたでも入会できます。入会された方には、『入会版「正心法語」』が授与されます。（入会の奉納は1,000円目安です）

ネットでも**入会**できます。詳しくは、下記URLへ。

三帰《さんき》誓願《せいがん》

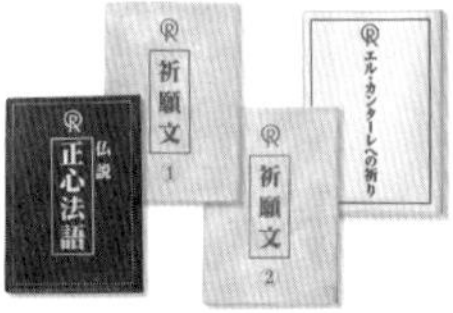

仏弟子としてさらに信仰を深めたい方は、仏・法・僧の三宝への帰依を誓う「三帰誓願式」を受けることができます。三帰誓願者には、『仏説・正心法語』『祈願文①』『祈願文②』『エル・カンターレへの祈り』が授与されます。

植福《しょくふく》の会

植福は、ユートピア建設のために、自分の富を差し出す尊い布施の行為です。布施の機会として、毎月1口1,000円からお申込みいただける、「植福の会」がございます。

「植福の会」に参加された方のうちご希望の方には、幸福の科学の小冊子（毎月1回）をお送りいたします。詳しくは、下記の電話番号までお問い合わせください。

月刊
「幸福の科学」

ザ・伝道

ヤング・ブッダ

ヘルメス・
エンゼルズ

INFORMATION

幸福の科学サービスセンター

TEL. 03-5793-1727（受付時間 火〜金：10〜20時／土・日：10〜18時）

宗教法人 幸福の科学 公式サイト **http://www.happy-science.jp/**